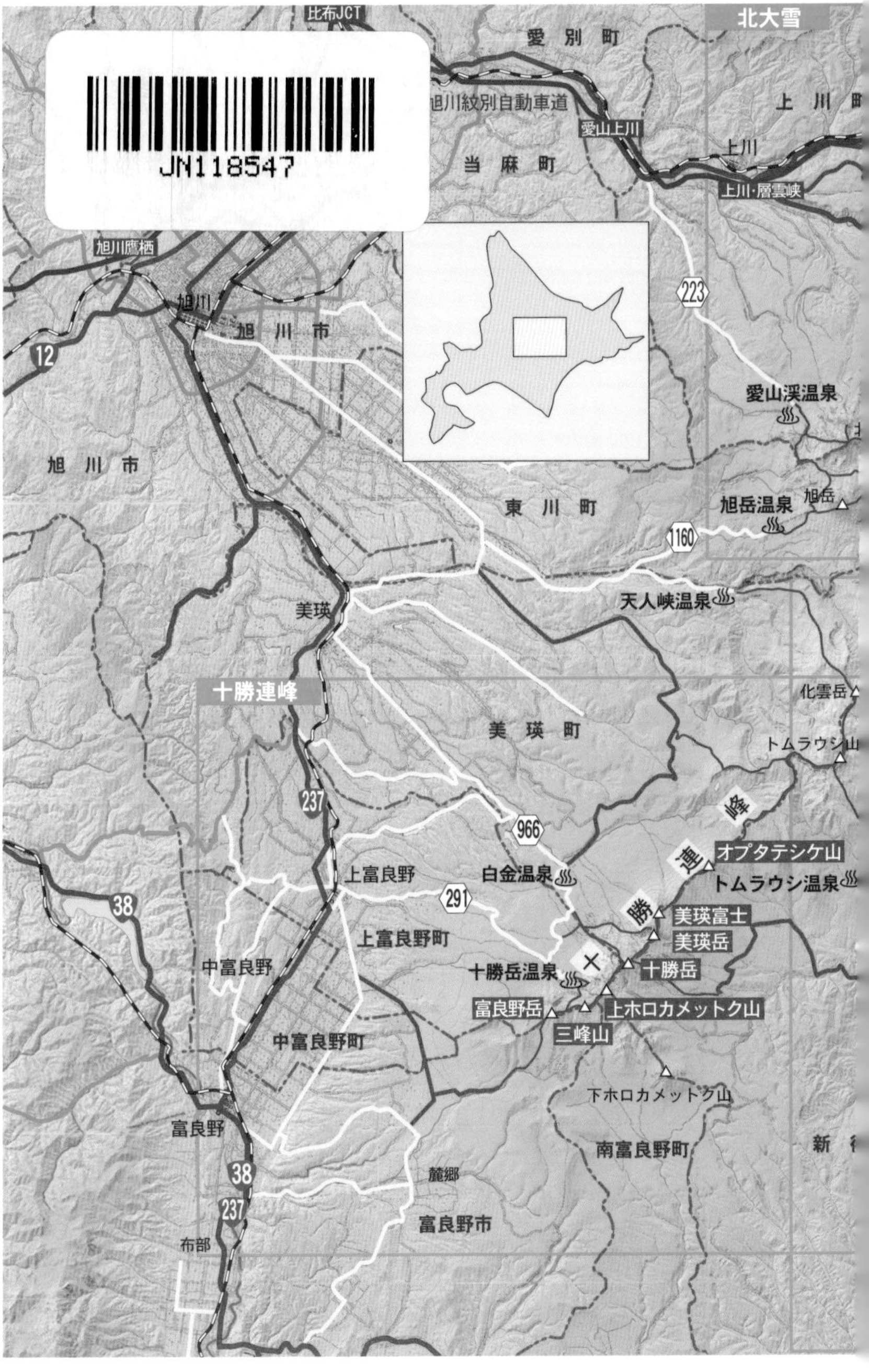
北大雪
十勝連峰
比布JCT
愛別町
旭川紋別自動車道
愛山上川
上川町
上川
上川·層雲峡
当麻町
旭川鷹栖
旭川
旭川市
12
223
愛山渓温泉
旭川市
東川町
旭岳温泉
旭岳
1160
天人峡温泉
美瑛
化雲岳
美瑛町
トムラウシ山
237
966
十
勝
連
峰
オプタテシケ山
上富良野
白金温泉
トムラウシ温泉
38
291
美瑛富士
上富良野町
美瑛岳
中富良野
十勝岳温泉
十勝岳
富良野岳
上ホロカメットク山
三峰山
中富良野町
下ホロカメットク山
富良野
南富良野町
新
38
麓郷
237
富良野市
布部

北海道夏山ガイド 3

東・北大雪、十勝連峰の山々

雲ノ平からの十勝岳

目次

（表紙写真）
表・十勝岳から美瑛岳への縦走路
裏　ニペソツ山幌加温泉コースの三条沼

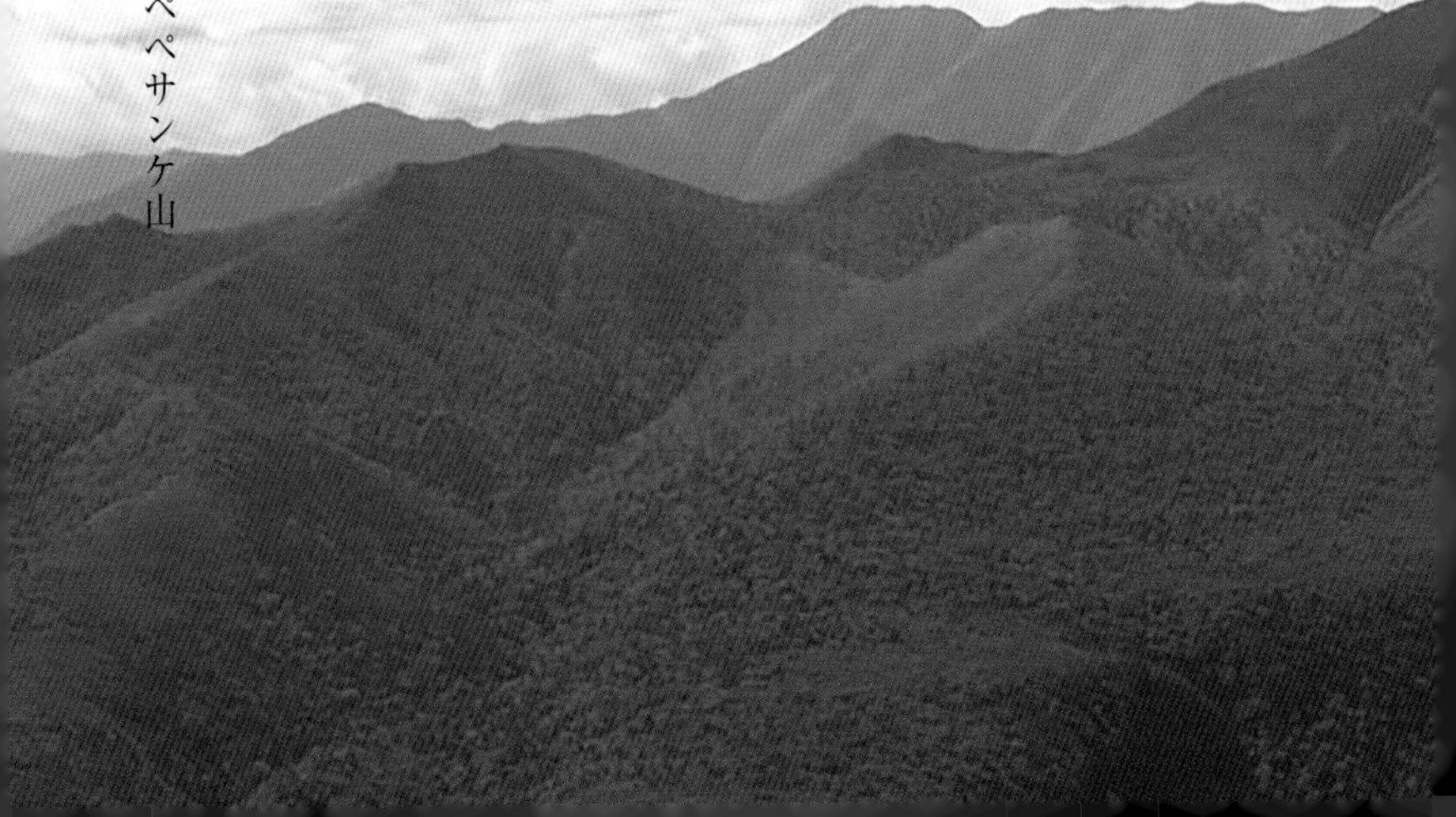

（目　次）石狩岳から見るニペソツ山とウペペサンケ山

本書のねらいと利用法

■はじめに

北海道初の山のガイドブックは1960年発行の「北海道の山」（一原有徳著＝山と渓谷社）と「北海道の山々」（札幌山岳クラブ著＝朋文堂）で、登山愛好家には待望の書がほぼ同時に発行された。以後コンスタントにガイドブックが発行されてきたが、人気のある山が繰り返し取り上げられ、目立たない山は日の目を見ることはなかった。

本書は登山人口が増加し、山の情報が求められていた1980年代後半、道内すべての登山道のある山の完全紹介を目的に発刊された。以降、約30年にわたり増刷、改訂をしながら今日に至っている。発刊当時はインターネットなどない時代であり、自分たちで取材を楽しみ（苦しみ）ながらの編集作業であった。一方で各市町村や山で出会った登山者に多くの情報提供のご協力をいただき、そのおかげで未知の山をたくさん知ることもできた。ここに深くお礼を申し上げたい。

■編集方針

①取材に基づいた情報提供

著者3人で手分けして取材登山を行い、最新情報の提供を心がけた。しかし、数年がかりの取材の間に状況が変化していることも多い。確認した分については増刷、改訂の際に修正しているが、完璧を期するのはなかなか難しい。これはガイドブックの宿命であり、特に昨今の情報化社会のなかでは避けがたい課題でもある。利用者もそれを理解のうえ情報確認を行って活用してほしい。

②新しい山の紹介

過去にガイドブックで紹介されたことのない山、多くの人が存在さえ知らない山は非常に多い。このシリーズでは過去に紹介されたことのない山の紹介に力を入れた。情報が不正確で無駄足を踏んだり、すでに廃道になって登れなかったことも再三あったが、苦労のかいあって、よい情報を提供できていると思う。

まだ著者らの知らない山があると思うが、ご存知の方はぜひ編集部までお知らせ願いたい。

③登山グレード

紹介するコースは超初心者向きから超上級者向きまでかなりの差がある。初心者が難しい山に挑んで遭難する心配もあるので、本書ではコースを初・中・上級に分けて評価し、実力に合った選択ができるようにした。

コースごとに評価表を付したほか、コースタイトルの色を初級は赤、中級は緑、上級は青で色分けした。ただし、縦走コース途中の特定区間を紹介する場合は評価は行っていない。

④詳細な説明

簡潔すぎるガイド記事は不安を募らせるものだ。逆に詳細すぎる記事は未知に対する興味をなくする欠点もあるが、本書では「独力登山」にウエートを置いているので、写真の多用、イラスト地図の使用などにより、多くの人が理解できるように心がけた。

⑤イラスト地図の使用

地図は縮尺が正確な平面図にするか、尾根や谷が直感的に分かる鳥瞰図にするか悩んだが、初心者には後者のほうが地形の概念が把握しやすいと思い、こちらに決定した。

イラスト地図は、当初は手書きだったが、現在はコンピューターで地形の３Ｄ画像を作成している。詳細な標高データにより、かなり精緻な画像が得られる。しかし無地の味気ない画像なので、樹林、岩場、雪渓、川などを、地形図や航空写真を参考にレタッチして作成した。

なお実際の登山では、国土地理院地形図など詳細な地図を携行し、現在地やルートを確認するようにしてほしい。

⑥マイカー情報の提供

北海道では公共交通機関を利用して登れる山は少なく、ほとんどの山はマイカーに頼らざるを得ない。幹線道路から何度も分岐する林道に入り、満足な案内標識もないことが多いから、登山口に着くまでが結構大変である。日高山脈のように林道のゲートが施錠している場合はその情報も必要である。

本書ではアプローチを20万分の1地勢図を利用して案内するほか、本文でもマイカー情報を提供する。ただし、道路状況の変化が激しいので、最新情報を知りたい場合は所轄の森林管理署などに照会してほしい。

⑦紹介する山の範囲

登山とハイキングの区分は難しいが、本書では低山であっても登山の色彩が濃い場合や、山々の展望が素晴らしい場合は対象とした。
また、標高が高くても、頂上まで車道が付き、車で上れる場合は対象から外した。

⑧コースタイム

一般のガイドブック同様、コースタイムは標準的体力の人が日帰り装備で登ることを前提とし、休憩時間を含まない実登山時間で表した。

山中泊が前提となる山は縦走装備でのタイムとなり、その場合はその旨を示し、コースタイムは赤文字で示した。縦走のコースタイムはおおむね日帰りの1割増だが、縦走日数、荷物の量によりさらに異なるので、ひとつの目安にしてほしい。

⑨川などの呼称

従来「○○沢」と呼ばれていた川が近年の地形図では全道的に「○○沢川」に改名されている。同じ意味の沢と川を重ねて使うのはおかしいと思うが、国土地理院に聞くと地方自治体が決めた名を使っているという。この変な名には多くの人が批判的で、本書でも従来の「○○沢」に統一している。

また、旧来使われていた○○沢などの名称は、○○川一の沢川などという味気ない新名称への置き換えが進んでいるが、本書と地形図の名称がまったく共通性のないものになっては混乱を招くので、新名称を使うことにしている。

■刊行内訳

第1巻　道央の山々
第2巻　表大雪の山々
第3巻　東・北大雪、十勝連峰の山々
第4巻　日高山脈の山々
第5巻　道南・夕張の山々
第6巻　道東・道北・増毛の山々

土石流で様子が変わった石狩岳シュナイダーコース登山口

2020年の改訂にあたって

近年の集中豪雨、特に２０１６年夏に北海道を襲った連続台風は、本書で収録した東・北大雪や４巻の日高山脈を中心に、道内各地の山にも大きな災害をもたらした。特に林道の崩壊・流失は深刻で、いまだ復旧のめどが立たずに通行止めとなっている所は多い。ガイドブックとしても、単に「２０２０年現在、林道通行止め」といった注意書きのひと言では済ませられない状況になっている。

対策として、いくつかの山では登山ルートそのものの変更や（ニペソツ山）、アプローチの林道経路の変更（石狩岳、十勝岳新得コースなど）が行われた。

一方、復旧のめどが立たない山では、通行止め区間を徒歩でアプローチし、登山を試みる人も出てきている。実際に取材してみても、林道は崩壊しているが、登山道自体はほとんど影響がないという山は少なくない。

これに対して、林道の管理者である森林管理署は、安全が確保できない以上、徒歩も含めて通行を自粛してほしいというスタンスをとっている。ただし「自己責任で」という登山者に対して「禁止」とまでは言えず、入山する場合はモラルをもった行動――入念な準備と計画、現場での適切な判断、工事や関係車両の妨げにならない駐車や行動など――を心がけてほしいとのことである。

本書としてもこれらの山々への入山を無制限・無条件に推奨することはできない。しかし、相応の経験と判断をもってすれば登れる山があるのは事実であり、それを一律的に「通行止め」のひと言で済ませる、あるいは削除してしまうのもいささか不誠実だとも思う。

これらを踏まえ、本改訂版では林道通行止めなど入山に支障のある山、注意を要する山はページ上部を赤帯で示し、注意喚起をすることとした。同時に「特記事項」として被害状況（取材当時）や入山する際の注意点などについても触れた。これらの山への登山を検討する際は、パーティーの力量をよく考え、さらなる状況変化の可能性や不測の事態も想定したうえで慎重に判断してほしい。

時がたてば林道復旧の可能性もあるし、通行止めのままでも新たな踏み跡が定着したり、あるいは廃道化するなど、何らかの方向性が見えてくると思う。本書も常に状況変化に敏感であり、今後の改訂に反映させていくつもりである。

主な登山口への林道状況問い合わせ先

■ **ウペペサンケ山、ニペソツ山、石狩岳、音更山、ユニ石狩岳、西クマネシリ岳、十勝岳（新得コース）**

十勝西部森林管理署東大雪支署

☎01564-2-2141

■ **クマネシリ岳、南クマネシリ岳**

十勝東部森林管理署☎0156-25-3161

■ **ニセイカウシュッペ山、沼ノ原、オプタテシケ山、美瑛富士など**

上川中部森林管理署☎0166-61-0206

■ **平山、支湧別岳、武利岳（丸瀬布コース）**

網走西部森林管理署☎0158-42-2165

■ **武華山**

網走中部森林管理署☎0157-52-3011

■ **富良野岳（原始ヶ原コース）**

富良野市都市施設課☎0167-39-2313

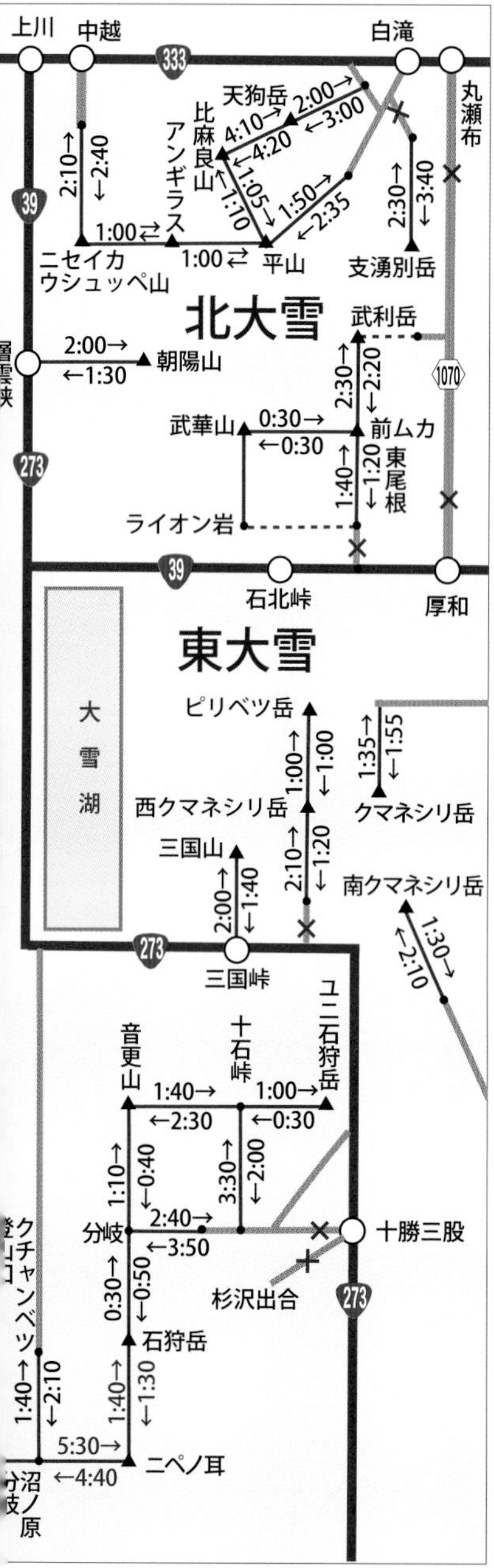
北大雪
上川
中越
白滝
333
丸瀬布
天狗岳
比麻良山
アンギラス
2:00→
←3:00
4:10→
←4:20
1:05→
←1:10
1:50→
←2:35
2:10→
←2:40
2:30→
←3:40
39
1:00⇄
1:00⇄
ニセイカウシュッペ山
平山
支湧別岳
武利岳
層雲峡
2:00→
←1:30
朝陽山
2:30→
←2:20
1070
273
武華山
0:30→
←0:30
前ムカ
1:40→
←1:20
東尾根
ライオン岩
39
石北峠
厚和
東大雪
大雪湖
ピリベツ岳
1:00→
←1:00
1:35→
←1:55
西クマネシリ岳
クマネシリ岳
三国山
2:00→
←1:40
2:10→
←1:20
南クマネシリ岳
1:30→
←2:10
273
三国峠
ユニ石狩岳
音更山
十石峠
1:40→
←2:30
1:00→
←0:30
1:10→
←0:40
3:30→
←2:00
2:40→
←3:50
分岐
十勝三股
杉沢出合
273
0:30→
←0:50
石狩岳
クチャンベツ登山口
1:40→
←2:10
1:40→
←1:30
5:30→
←4:40
ニペノ耳
沼ノ原分岐

コースタイム

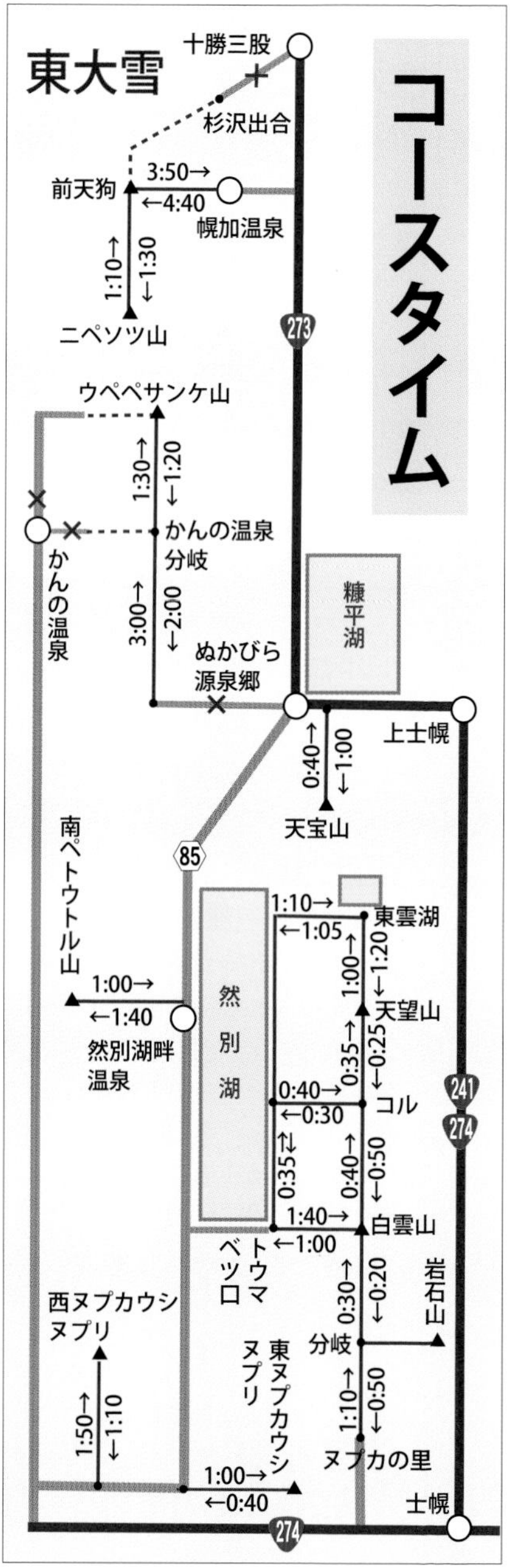
東大雪
十勝三股
杉沢出合
3:50→
←4:40
前天狗
幌加温泉
1:10→
←1:30
ニペソツ山
273
ウペペサンケ山
1:30→
←1:20
かんの温泉
かんの温泉分岐
3:00→
←2:00
ぬかびら源泉郷
糠平湖
上士幌
0:40→
←1:00
天宝山
南ペトウトル山
85
1:10→
←1:05
東雲湖
1:00→
←1:20
1:00→
←1:40
然別湖畔温泉
然別湖
天望山
0:35→
←0:25
0:40→
←0:30
コル
241
274
0:35⇄
0:40→
←0:50
1:40→
←1:00
白雲山
トウマベツロ
西ヌプカウシヌプリ
東ヌプカウシヌプリ
岩石山
0:30→
←0:20
分岐
1:50→
←1:10
1:10→
←0:50
ヌプカの里
1:00→
←0:40
士幌
274

十勝連峰

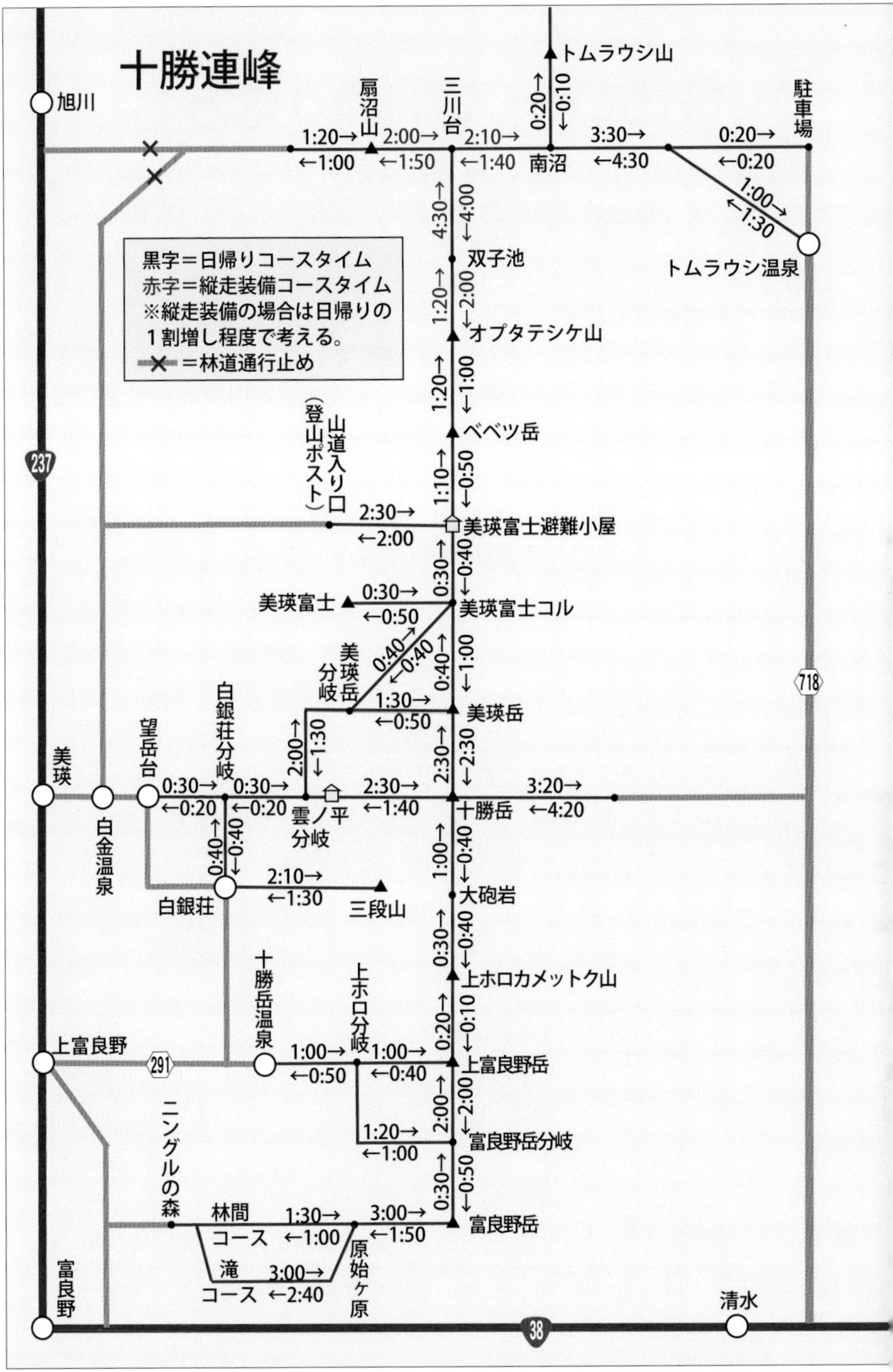
黒字＝日帰りコースタイム
赤字＝縦走装備コースタイム
※縦走装備の場合は日帰りの1割増し程度で考える。
＝林道通行止め
旭川
美瑛
上富良野
富良野
清水
237
291
38
718
トムラウシ山
0:20→
←0:10
扇沼山
三川台
南沼
駐車場
トムラウシ温泉
1:20→
←1:00
2:00→
←1:50
2:10→
←1:40
3:30→
←4:30
0:20→
←0:20
1:00→
←1:30
4:30→
←4:00
双子池
1:20→
←2:00
オプタテシケ山
1:20→
←1:00
ベベツ岳
1:10→
←0:50
山道入り口（登山ポスト）
2:30→
←2:00
美瑛富士避難小屋
0:30→
←0:40
美瑛富士
0:30→
←0:50
美瑛富士コル
美瑛岳分岐
0:40→
←0:40
0:40→
←1:00
1:30→
←0:50
美瑛岳
2:00→
←1:30
2:30→
←2:30
白金温泉
望岳台
白銀荘分岐
0:30→
←0:20
0:30→
←0:20
雲ノ平分岐
2:30→
←1:40
十勝岳
3:20→
←4:20
0:40→
←0:40
白銀荘
2:10→
←1:30
三段山
1:00→
←0:40
大砲岩
0:30→
←0:40
上ホロカメットク山
0:20→
←0:10
十勝岳温泉
上ホロ分岐
1:00→
←0:50
1:00→
←0:40
上富良野岳
2:00→
←2:00
1:20→
←1:00
富良野岳分岐
0:30→
←0:50
ニングルの森
林間コース
1:30→
←1:00
滝コース
3:00→
←2:40
原始ヶ原
3:00→
←1:50
富良野岳

登山コース評価の見方

本書では各登山コースを初・中・上級に分け、コース名の枠色をそれぞれ赤、緑、青で色分けした。設定にあたってはできるだけ客観的な評価となるように、各要素を数量化した独自の評価表をつくり、これにあてはめて決定した。ここでいう上級とは北海道の夏山の登山道のあるコースで最も困難なものを上限としたので、沢登りや岩登りによる登山、あるいは道外の登山にはあてはまらない。また、7、8月ごろを前提とした評価なので、残雪の多い時期の登山で雪渓歩行の困難度が増すなどの状況変化があるが、それらは各自で考えて判断してほしい。

体力	必要体力＝標高差	300m未満 30点	300m～600m未満 35点	600m～900m未満 40点	900m～1200m未満 45点	1200m～1500m未満 50点	1500m以上 55点
体力	登山時間加算	長時間登山とキャンプ用具等運搬に要する体力を加算		3時間未満 D 0点	3時間～5時間未満 C 5点	5時間～8時間未満 B 10点	8時間以上 A 15点
判断・技術力	高山度＝山の標高	標高の上昇に伴う気温低下、気象の激変判断		600m未満 D 0点	600m～1100m未満 C 3点	1100m～1600m未満 B 6点	1600m以上 A 10点
判断・技術力	険しさ	岩場、ガレ、雪渓等		D 0点	C 3点	B 6点	A 10点
判断・技術力	迷いやすさ	迷いやすい地形や道路状況等		D 0点	C 3点	B 6点	A 10点
総合点		合計の端数を5点単位に整理して表示する					
備考		本文の表では必要体力以外は各点を低い順からＤＣＢＡで表示					

初級（30点～50点）	中級（55点～70点）	上級（75点～100点）
【例】 写万部山(35) 樽前山(40) 塩谷丸山(40) 黒　岳(45) 雌阿寒岳(50)	【例】 旭　岳(55) 恵庭岳(60) 夕張岳(65) 斜里岳(65) 石狩岳(70)	【例】 芦別岳(75) 利尻山(80) トムラウシ山(90) 幌尻岳～戸蔦別岳(100)

※幾つものピークを登る場合はピーク間の落差を加えた「獲得標高差」で判断する

東大雪

ウペペサンケ山から望むニペソツ山と石狩連峰

丸山は東大雪ただひとつの活火山

東大雪のあらまし

■東大雪のアウトライン

この山域は古くは裏大雪と呼ばれたが、「裏」の印象がよくないということで東大雪に改称された。それでもロープウエー、観光道路、山小屋などの施設がなく、「表」の華やかさ、あるいはにぎやかなイメージには対抗できない。

しかし、大衆化されていないことや、安易に人工的手段に頼らない自力での登山に魅力を感じる人は多い。東大雪はベテランを中心に好まれる山域であり、表大雪を卒業した人の次なる目標ともいえるだろう。

表大雪と比較すると、険しい尾根で構成された鋭角な山が多く、それだけに登る苦労もある。一方で人工物がほとんど見えない広大な樹海など、自然豊かな北海道のなかでも特に山深く、どっぷりとそのただ中に身を委ねる喜びもある。山の大きさと静けさを存分に堪能したいものだ。

■山の生い立ち

東大雪の山も、表大雪や十勝連峰同様に火山活動によってできた山である。ただ、今も噴煙を吹き上げ、地肌がむき出しの旭岳や十勝連峰と違い、樹林に覆われた石狩連峰は中央高地で最も古い火山だということができる。古いといっても今から4万年ほど前のことで、それ以外のニペソツ山やウペペサンケ山などはより新しく、せいぜい1万年前程度だろうとい

われている。

そんななかでニペソツ山の隣の丸山は、東大雪で唯一の活火山だ。以前から噴気があることは知られていたが、1989年に帯広畜産大学と北海道大学によって本格的な学術調査が行われ、その結果、爆裂火口と噴気孔の存在が改めて確認された。また文献調査によって、最も新しい噴火は1898（明治31）年であることも分かった。

登山基地

一帯で最大の「登山基地」は9軒のホテル、旅館などがあるぬかびら源泉郷（旧糠平温泉）である。キャンプ場や周辺山域の情報が得られるひがし大雪自然館もあるが、商店は1軒のみでコンビニやガソリンスタンドはない。近くの登山口としては、ウペペサンケ山、天宝山がある。

然別湖畔は現在1軒の温泉ホテルが営業中で、少し離れてキャンプ場がある。南ペトウトル山、白雲山、天望山の登山口がある。

十勝三股はニペソツ山、石狩岳、三国山、クマネシリ山塊などの山々から流れ出る川の合流点で、三股の名もそこに由来する。かつては広大な山域から切り出された木材がここに集められ、国鉄士幌線経由で各地に送られた。しかし木が切り尽くされると鉄道も廃止され、今は1軒のカフェがたたずむのみだ。周辺の山々への登山口も林道崩壊などによって不通やルートが変更になり、登山基地としての存在感はすっかり薄くなった。

代わりにニペソツ山の幌加温泉コースが復活したことにより、登山口近くの同温泉が注目を浴びて

←トカチビランジ

↓エゾナキウサギ

いる。営業は「鹿の谷」1軒で、宿泊は素泊まりのみだ（自炊可）。

この山域の温泉宿といえばウペペサンケ山登山口のかんの温泉も知られるが、残念ながら林道の不通に伴い登山道は実質的に廃道となってしまった。

■登山道の状況

一口に東大雪の山といっても、山によって登山道の整備状況はまちまちである。ニペソツ山や石狩岳、音更山など人気のある山は、数年に1回程度ササ刈りなどが行われており、比較的歩きやすい。然別湖周辺の山々も、必要に応じて倒木処理などが行われている。

林道が通行止めとなっている山については、基本的に登山道の整備も行われていない。ウペペサンケ山は次第にササかぶり、ハイマツかぶりが進んでいる。沼ノ原から石狩岳へ至る通称「根曲がり廊下」も、沼ノ原への林道の通行止めが続いたこともあり、しばらく未整備のままだ。2020年の林道復旧（予定）に伴って登山道も整備されるとうれしいのだが…。

西クマネシリ岳は林道が崩壊、流失しているが、その割にその先の登山道ははっきりしている。対してクマネシリ岳、南クマネシリ岳は全般に踏み跡が薄く、テープの目印が頼りといった状況だ。

地方の登山道の整備は地元山岳会の厚意に頼る部分が大きいが、それも会員の減少や高齢化によって次第に手が回らなくなってきているのが現状である。快適な登山のためには初夏と晩夏の年2回はササ刈りなどしたいところだが、これを地元山岳会が担うのは大変なことだ。ぜひ、国や地方自治体

ダイセツタカネヒカゲ

に積極的な対応をお願いしたいものである。

■自然保護問題

然別湖周辺は地下に永久凍土層があり、風穴から出る冷気で高山と同様の環境が保たれている。そのため標高が低いにもかかわらずコマクサ群落があり、エゾナキウサギが生息することで有名である。学術的に貴重であると同様に、われわれ国民にとっても大切な財産だ。

昭和40年代、その中心地域である白雲山、岩石山につづら折れの車道を通し、さらにトンネルを通して然別湖へと抜ける計画が持ち上がった。実際に造成工事も始まったが、自然保護団体などの反対で中断。その後、時のアセスメントという北海道の公共事業見直しの対象となり、継続か否かを巡って論議が続いた。その結果、工事中断から20年以上の時を経て、1999年に正式に建設中止が決定された。

■動植物

東大雪の山に分布する植物としては、トカチオウギ、トカチビランジという固有種が知られている。長い年月をかけ、大陸などにある種から別種へと分化したのだろう。興味深い地域である。

東大雪には平たんな溶岩台地がないので、表大雪にあるような平原状の広大なお花畑はない。

昆虫では石狩連峰に高山性鱗翅《りんし》目のウスバキチョウ、ダイセツタカネヒカゲ、アサヒヒョウモン、クモマベニヒカゲ、ダイセツヤガ、ダイセツヒトリなどが生息する。

珍鳥ミユビゲラが発見されたのはニペソツ山の麓である。

東大雪

曲り沢峠《まがりさわとうげ》(2.5万)
常元
おけと湖
置戸町
常元《つねもと》(2.5万)
北見勝山《きたみかつやま》(2.5万)
峠
クマネシリ岳《だけ》(2.5万)
常元《つねもと》(5万)
東三国山《ひがしみくにやま》(2.5万)
勲祢別川上流《くんねべつがわじょうりゅう》(2.5万)
ツ岳
クマネシリ岳
1586
1635
マネシリ岳
東三国山
1230
陸別町
南クマネシリ岳
1560
88
北稜岳
1256
喜登牛山《きとうしやま》(2.5万)
美里別川上流《びりべつがわじょうりゅう》(2.5万)
喜登牛山
1312
西斗満《にしとまむ》(2.5万)
西斗満
足寄町
ビリベツ取水堰
芽登温泉《めとうおんせん》(5万)
喜登牛川
上利別《かみとしべつ》(2.5万)
美里別川
西喜登牛
喜登牛《きとうし》(2.5万)
芽登温泉
芽登川
芽登温泉《めとうおんせん》(2.5万)
柏倉
白糸
泉
9
黒石平
喜登牛
上利別
五十鈴
西芽登
南喜登牛
273
勢多山
997
女夫山
859
塩幌
上芽登
中芽登
愛冠《あいかっぷ》(2.5万)
468
242
音更川
萩ヶ岡《はぎがおか》(2.5万)
芽登《めとう》(2.5万)
愛冠
メトウトメ川
勢多
萩ヶ岡
274
芽登
足寄町
241
241
上士幌町
平和
上士幌《かみしほろ》(5万)
豊岡
足寄
足寄《あしょろ》(2.5万)
活込《かっこみ》(2.5万)
上士幌
上士幌《かみしほろ》(2.5万)
活込
274

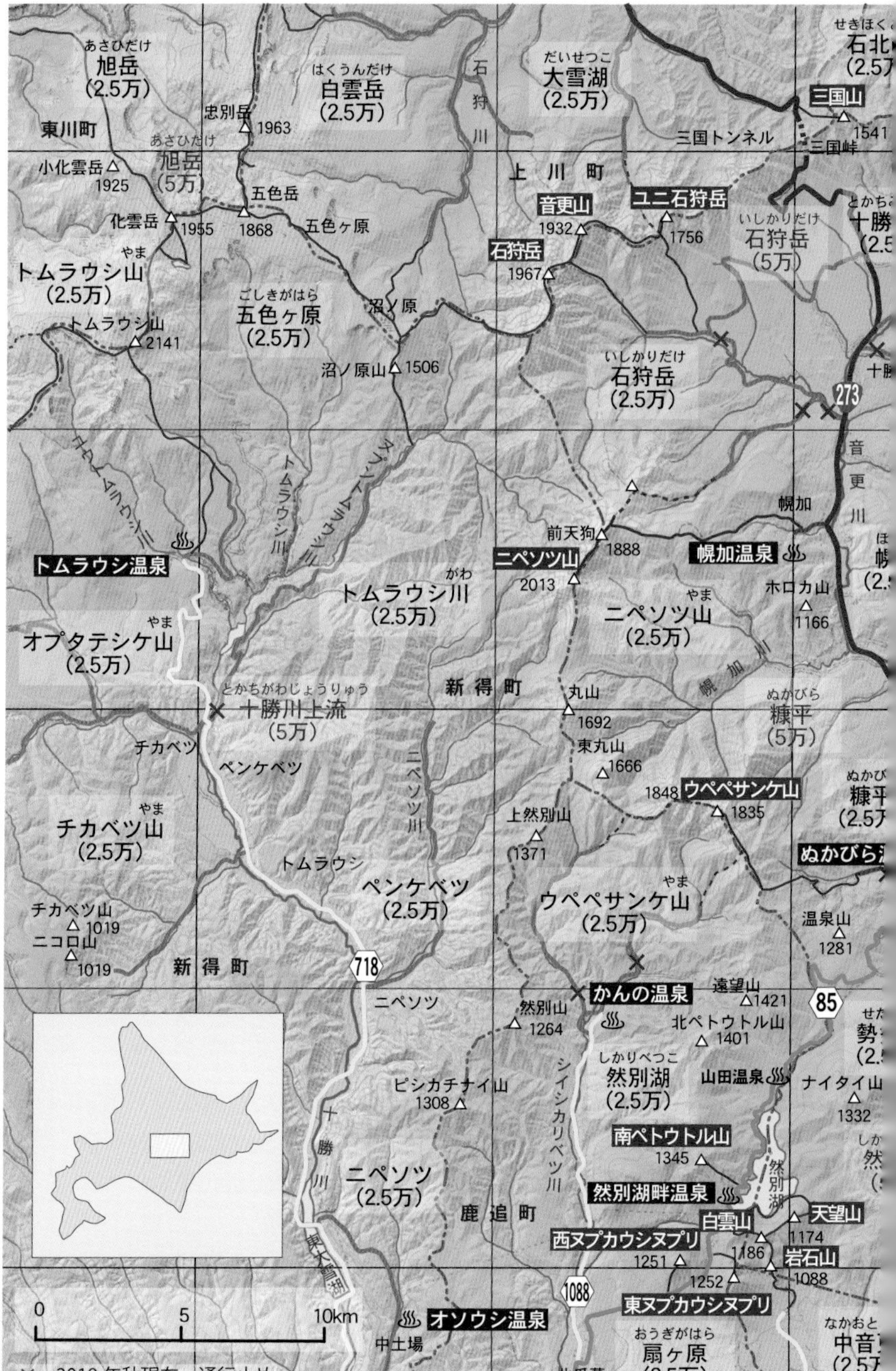

旭岳《あさひだけ》
(2.5万)
白雲岳《はくうんだけ》
(2.5万)
石狩川
大雪湖《だいせつこ》
(2.5万)
石北《せきほく》
(2.5万)
三国山
1541
三国峠
三国トンネル
忠別岳
1963
東川町
旭岳《あさひだけ》
(5万)
小化雲岳
1925
上川町
五色岳
化雲岳
1955
1868
五色ヶ原
音更山
1932
ユニ石狩岳
1756
石狩岳《いしかりだけ》
(5万)
十勝《とかち》
トムラウシ山《やま》
(2.5万)
石狩岳
1967
五色ヶ原《ごしきがはら》
(2.5万)
沼ノ原
トムラウシ山
2141
石狩岳《いしかりだけ》
(2.5万)
沼ノ原山
1506
273
十勝
ユウトムラウシ川
トムラウシ川
ヌプントムラウシ川
音更川
幌加
前天狗
1888
ニペソツ山
2013
幌加温泉
トムラウシ温泉
トムラウシ川《がわ》
(2.5万)
ニペソツ山《やま》
(2.5万)
ホロカ山
1166
オプタテシケ山《やま》
(2.5万)
新得町
幌加川
丸山
1692
十勝川上流《とかちがわじょうりゅう》
(5万)
糠平《ぬかびら》
(5万)
チカベツ
ペンケベツ
東丸山
1666
ニペソツ川
1848
ウペペサンケ山
1835
糠平《ぬかびら》
(2.5万)
チカベツ山《やま》
(2.5万)
上然別山
1371
ぬかびら温泉
トムラウシ
ペンケベツ
(2.5万)
ウペペサンケ山《やま》
(2.5万)
チカベツ山
1019
ニコロ山
1019
温泉山
1281
新得町
718
かんの温泉
遠望山
1421
85
ニペソツ
然別山
1264
北ペトウトル山
1401
勢多
シイシカリベツ川
然別湖《しかりべつこ》
(2.5万)
山田温泉
ナイタイ山
1332
ピシカチナイ山
1308
南ペトウトル山
1345
十勝川
ニペソツ
(2.5万)
然別湖
然別湖畔温泉
鹿追町
天望山
白雲山
1174
西ヌプカウシヌプリ
1186
岩石山
1251
1088
1252
東大雪湖
1088
東ヌプカウシヌプリ
0
5
10km
オソウシ温泉
扇ヶ原《おうぎがはら》
(2.5万)
中音更
(2.5万)
中土場
北瓜幕
×＝2019年秋現在、通行止め

1186m

白雲山《はくうんざん》

1174m

天望山《てんぼうざん》

1088m

岩石山《がんせきやま》

士幌町から①白雲山②岩石山③天望山

湖畔から湖面に映る天望山を見ると唇のようで、唇山の名でも親しまれる。その隣に白雲山が連なり、この両山を登山道が結んでいて縦走もできる。頂上は然別湖の全容とウペペサンケ山、ニペソツ山、トムラウシ山などが見える展望台だ。白雲山の隣には岩塊でできた岩石山がある。自然保護論争を呼んだ観光道路の傷跡は今も残る。この山も白雲山とセットで登ることができる。

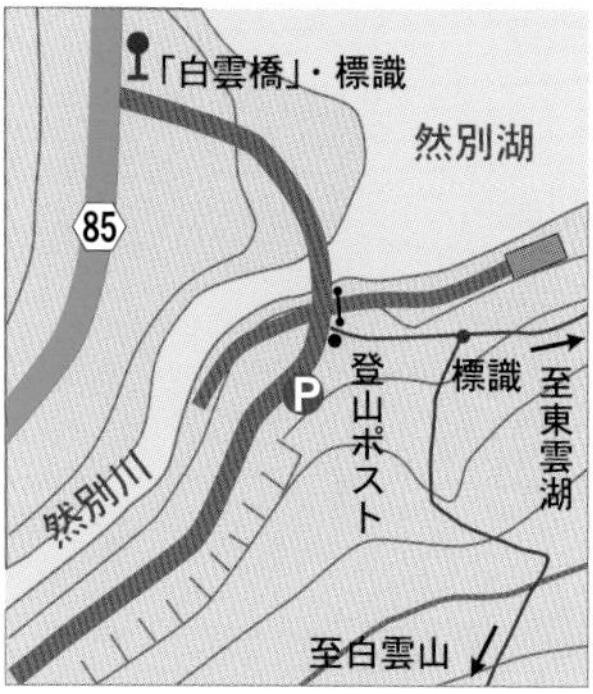

白雲山

トウマベツロコース

岩塊の山頂から然別湖と山々を一望

■ **交通**

JR帯広駅から鹿追経由然別湖行きの北海道拓殖バス（☎0155-31-8811）に乗り、白雲橋下車。1日3～4便。

■ **マイカー情報**

登山口前に駐車できるが、スペースが狭いので詰めて止めたい。

■ **宿泊施設**

然別湖畔温泉ホテル風水（☎0156-67-2211）。366人収容

■ **然別湖北岸野営場**

湖北岸にある。有料。管理人は夕方のみ駐在

▼期間＝7月1日～9月30日

▼問い合わせ先＝鹿追町観光インフォメーションデスク（☎01

体力（標高差）	35点
登山時間加算	D
高山度（標高）	B
険　し　さ	D
迷いやすさ	D
総合点40点（初級）	

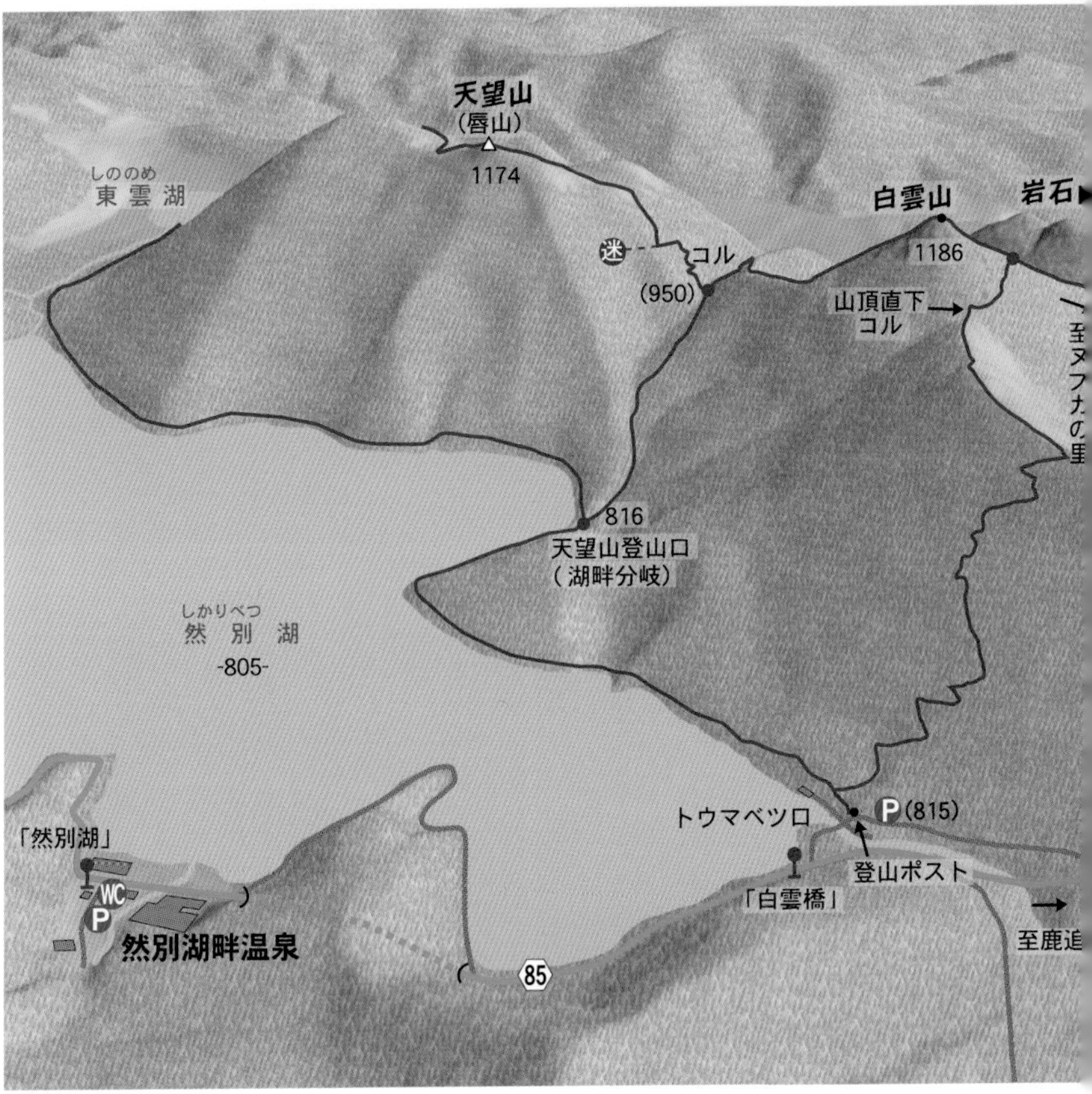

56-66-1135）

■**然別湖観光案内所**（然別湖ネイチャーセンター）コース状況など問い合わせ先☎69-8181

■**コースタイム**（日帰り装備）

トウマベツ口 1:40↓ 1:00↑ 白雲山

標高差　約370メートル

登り　1時間30分

下り　1時間

■**ガイド**（撮影　7月14日、9月20日）

登山口は然別湖の水が流れ出るトウマベツ川（然別川）の出水口にあり、そこに登山ポストと案内地図板が立つ。

登山口からまず湖畔沿いの道を50メートルほど進み、そこから急な斜面に取り付く。尾根に向かってジグザグを切って高度を稼いでいく。かつて一帯はうっそうとした針葉樹林に覆われていたが、2016

平たんな尾根を山頂部に向かって進む

森がなくなり然別湖を眺めつつ登る

山頂部の斜面は岩が多くなる

登山ポストとコース案内板が立つ登山口

年の台風で倒木の斜面と化してしまった。直射日光を遮るものもなくなったので、樹林下の植生の変化が心配だ。然別湖の姿を背後に感じながら標高差300メートルほどを登り、平たんな尾根上に出る。

　この尾根を進み、わずかに下ると山頂部とのコルだ。ここからは岩塊が積み重なったような斜面を斜上していく。やがてヌプカの里、岩石山からのコースが合流し、頂上へ直登気味となる。ミヤマハンショウヅルなどの花が現れるが、すぐ岩だらけの斜面となって山頂に至る。

　遮る物がないので山頂からの眺めがすごい。然別湖と周辺の山々はもちろん、ウペペサンケ山やニペソツ山、クマネシリ山群から大雪山や十勝連峰、十勝平野の向こうに日高山脈まで望まれる。

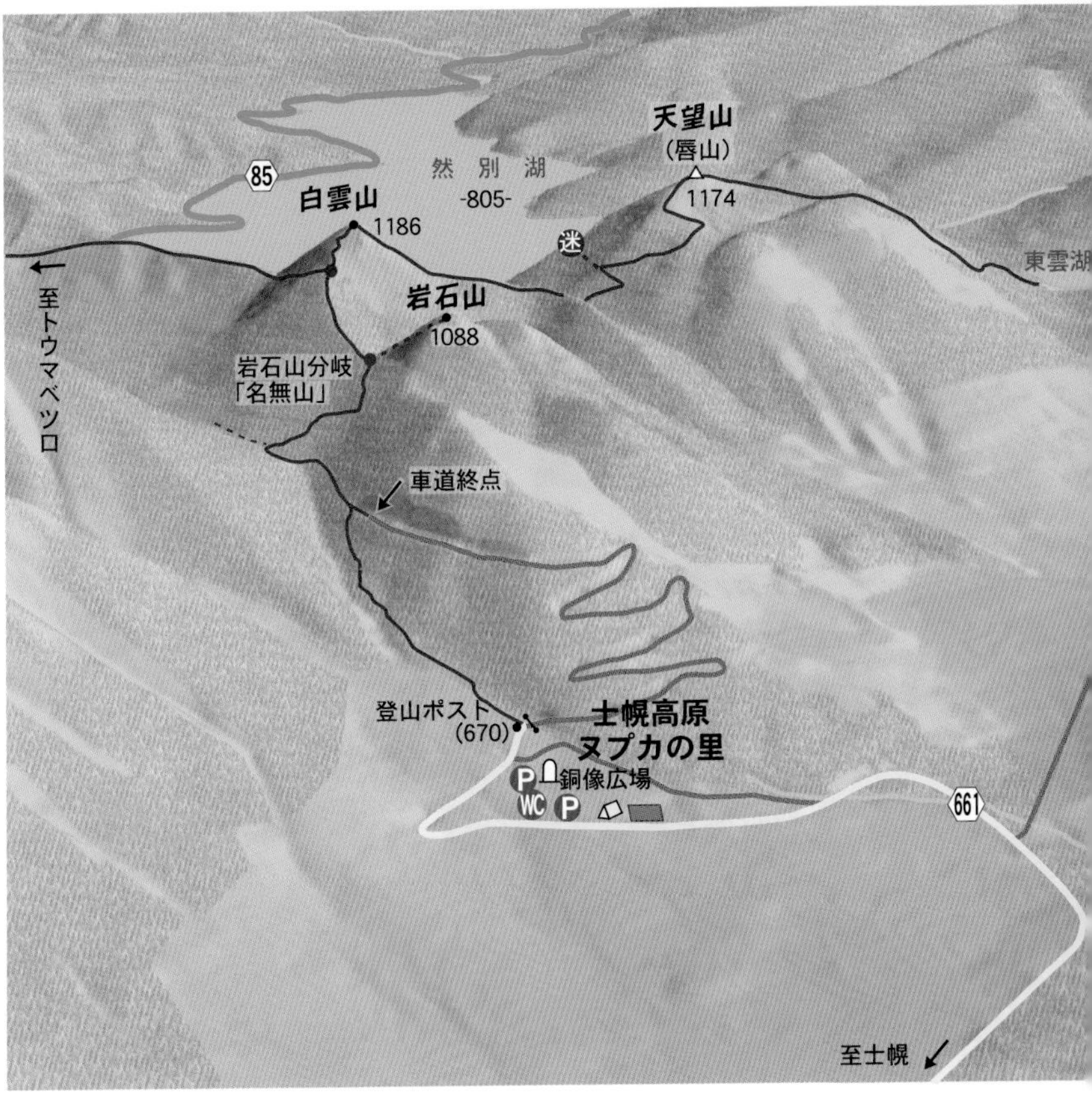

ヌプカの里コース

行きがけに登る岩石山登山が魅力

■**交通**

公共交通機関の便はない。

■**マイカー情報**

ヌプカの里に広い駐車場がある。

■**士幌高原ヌプカの里**

登山口にあるキャンプ場。

▼期間＝4～11月。管理人昼間駐在。

▼コテージ（要予約）、サイト有料。

▼管理棟☎01564-5-4274

■**コースタイム**（日帰り装備）

登山口 ―1:10↓ 0:50↑― 岩石山分岐 ―0:15↓ 0:10↑― 岩石山

岩石山分岐 ―0:30↓ 0:20↑― 白雲山

岩石山経由で白雲山まで

山頂へ向かって岩場を登る

ゲートの左が登山口

「名無山」標識から取り付く

岩だらけの岩石山山頂に立つ

体力（標高差）	40点
登山時間加算	D
高山度（標高）	B
険　し　さ	D
迷いやすさ	C
総合点50点（初級）	

獲得標高差　約600メートル
登り　2時間5分
下り　1時間10分

■ガイド（撮影　10月2日）

ヌプカの里のすぐ上の車道ゲート横が登山口だ。登山ポストもある。ゲート先の道路は自然破壊の非難を浴び、建設が中止された。

登山道は沢沿いに延び、やがて車道跡からの旧コースと合流し、その先で「至名無山」の標識があるコルとなる。

そこから岩石山まで登山道はなく、岩塊の歩きやすい場所を選んでほぼ一直線で山頂へ向かう。

山頂からは十勝平野が一望でき、日高山脈から広尾方面の海まで見える。下りは方向を間違えやすいので慎重に下りたい。分岐に戻ったら、登山道をたどり白雲山へ向かう。

白雲山の山頂。然別湖が一望だ。遠くにウペペサンケ山が見える

十勝岳(左から)、美瑛岳、美瑛富士を遠望できる

天望山を縦走で

トウマベツ口発着で

白雲山とのコルを経由して東雲湖へも

■コースタイム（日帰り装備）

- ヌプカの里 ←1·40／1·10→ 白雲山 ←0·40／0·50→ コル ←0·35／0·25→ 天望山
- 天望山 ↓1·00／↑1·20 東雲湖
- 東雲湖 ↖1·10／1·05↘ 湖畔分岐
- 湖畔分岐 ←0·35／0·35→ トウマベツ口
- 白雲山 ↓1·00／↑1·40 トウマベツ口
- コル ↓0·30／↑0·40 湖畔分岐

獲得標高差　約650メートル

一巡　5時間35分

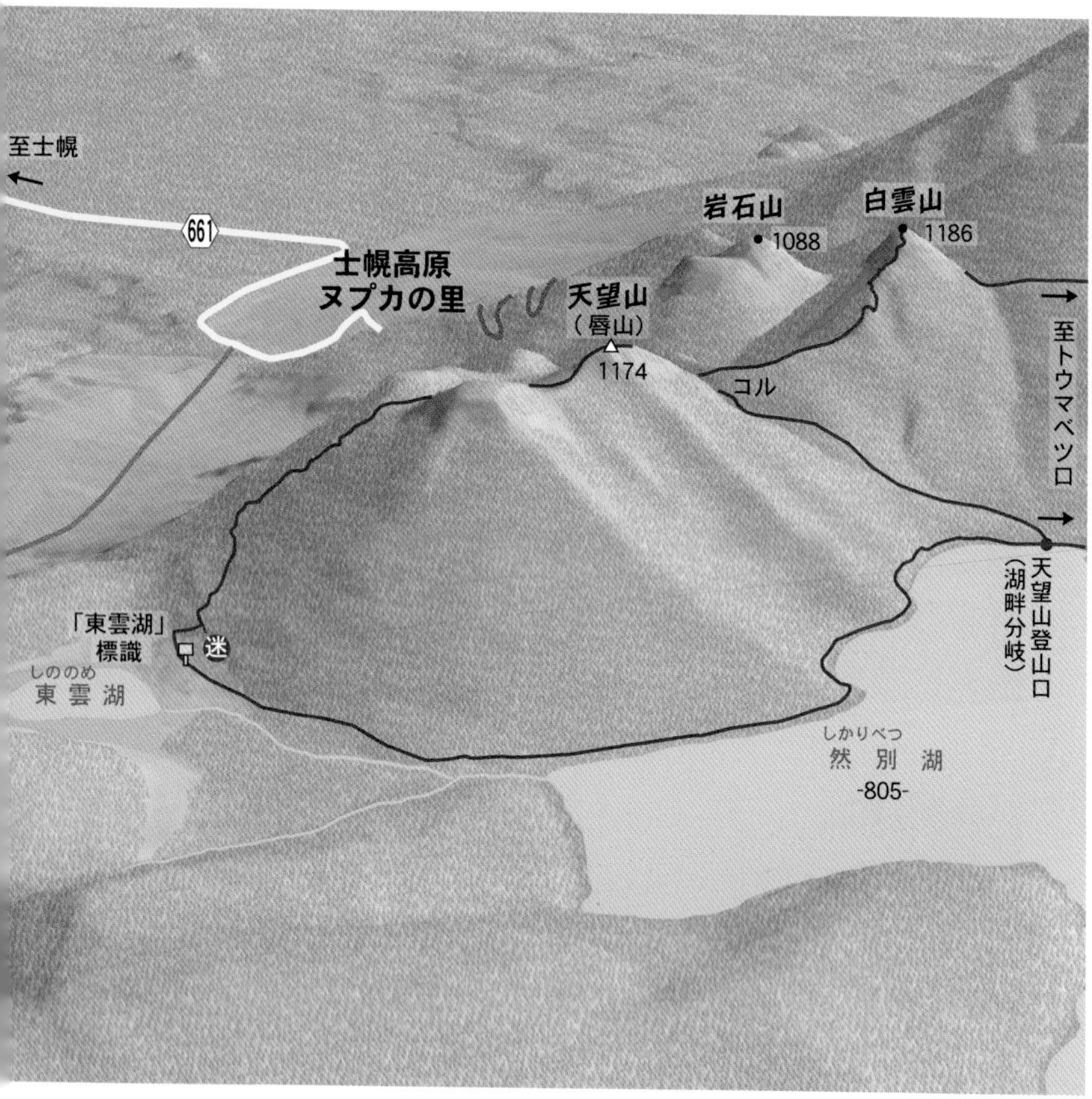

■ガイド（撮影　9月20日）

然別湖を巡る山々の中では白雲山の人気が高く、登山者も一番多い。ただ規模の大きくはないこの山だけで山旅を終えるのはもったいない。隣の天望山の頂も踏み、東雲湖をもめでて、ひと巡りすると充実した山旅となるはずだ

白雲山山頂までは21ページ参照。

まず天望山とのコルを目指そう。山頂からの下りがちょっと迷いやすい。樹木が少なく岩と裸地のある方向へと下りやすいが、その少し右寄りの樹木地帯へ向かうと道を確認できるだろう。

急斜面に刻まれたつづら折りの道で高度を下げていく。

体力（標高差）	40点
登山時間加算	C
高山度（標高）	B
険しさ	C
迷いやすさ	D
総合点55点（中級）	

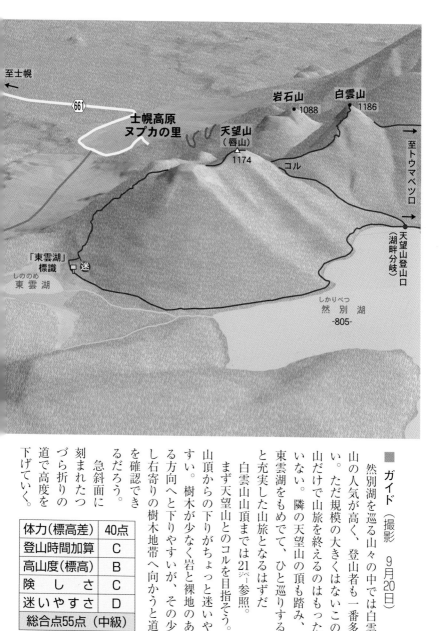

右上／白雲山の下り。時にこのような場所もある　上／天望山に向かって小尾根上を進む

要所に頼りがいのある標識が立つ

時に直線的に急降下する箇所もあり、途中にある比較的大きな岩ではかわいいコメツツジの花を見る。

急斜面を下り終えると小尾根に乗り、天望山に向かってやや平たんな道を進む。

そして次の斜面を下り切ると天望山とのコルである。もし、持ち時間や体力に問題がある時は真っすぐ湖に向かって針葉樹林の中を下り、スタート地点に戻るとよい。縦走路にこのようなエスケープ

白雲山と天望山のコル。然別湖の湖面がチラリと望まれる

展望はまあまあの天望山山頂

天望山の上部はササ斜面の登りとなる

ダケカンバ林を天望山へ。背後は白雲山

ルートがあるのはとてもありがたいことだ。

コルから天望山へは、ササの急斜面に刻まれた道を電光のように登る。高度を少し上げると樹林が現れるが、白雲山とは異なり、ここはダケカンバの疎林である。わずかな距離しか離れていない隣の山なのに随分植生が違う。

やがてササの多い斜面から尾根上の道をたどると山頂だ。この唇山とも呼ばれる山頂は上唇の白雲山寄りの膨らみ上にあたる。展望は樹木が少々邪魔して白雲山のようにすっきりいかないが、トムラウシ山の姿が加わる。

登山道はもう一方の上唇の膨らみは通らずにコル付近から湖の反対側方向に下りていく。ササ斜面を下るとやや平たんなツツジ科の小低木地帯となり、そこを過ぎる

天望山の下り道から。倒木越しに東雲湖がよく見える

吹き抜けた風のすさまじさを感じながら下る

そこそこに整備された天望山の登山道

と再び急な斜面となって、ジグザグ道で高度を下げていく。この一帯は樹林に覆われていたが、今は風倒木地帯となってしまった。コース整備が行われて一時に比べてだいぶ歩きやすくなったが、未整備の部分もあるので注意したい。視界を遮っていた樹木がなくなり東雲湖の姿がよく望まれるようになったものの、喜んでいいのか…。

東雲湖標柱の一帯で高山植物の花を楽しめる

広がるお花畑を目当てに来る人も多い

カラフトルリシジミ

葉が細いヒメマイヅルソウ

斜度が緩まり（昔日の）樹林帯を抜けると「東雲湖」の標識が立ち、一帯は岩れき地のお花畑となっている。ただし湖畔に出られる道はない。コケモモ、ガンコウラン、イソツツジなどが見られ、ここから先の樹林帯にかけてはイワツツジが多い。また運がよければ天然記念物のカラフトルリシジミが舞う姿やエゾナキウサギのピチーッという甲高い声を聞くかもしれない。

お花畑を楽しんだら然別湖に向かっての樹林下の道となる。うっ

平たんな湖畔沿いの道をトウマベツ口へ

湖畔分岐の標識。ここからも天望山に登れる

林内の各所で見られたゴゼンタチバナ

そうとした北国らしい針葉樹林を緩く下っていくと、ちらちらと湖面が見えてくる。後はその湖面を右手に見ながら平たんな道をスタート地点へと進むだけだ。

　コース沿いではハクサンシャクナゲやツルツゲ、ツルシキミなど常緑低木が見られる。林床を飾る花はゴゼンタチバナ、コミヤマカタバミ、ヒメマイヅルソウなどがある。まだ天望山分岐まではツバメオモトがとても多い。

スタート地点の見覚えのある標識を見たらゴール

1345m

南《みなみ》ペトウトル山《やま》

白雲山から

地形図では然別湖の西方に南北のペトウトル山の名を見るが、ペトウトル山の名はない。中間の1414mピークが山群中もっとも高いので、あるいはそうかもしれない。ペトウトルはアイヌ語で二つの川に挟まれたという意味らしいが、その川とはウペペサンケ山を水源とするシイシカリベツ川と然別湖に注ぐヤンベツ川のことだろうか。

山群中登山道のある山はこの南ペトウトル山だけである。山頂から湖対岸の唇山がよく見える。

然別湖畔温泉コース

針葉樹林から尾根上の刈り分けへ

■**交通・キャンプ場**などは「白雲山」の記事（20ページ）を参照。

■**マイカー情報**

然別湖畔温泉の駐車場は週末に限らず観光シーズン中は込む。

■**コースタイム**（日帰り装備）

然別湖畔登山口 0·20↓ 0·10↑ 主稜線 0·50↓ 0·30↑ 胸突坂 0·30↓ 0·20↑ 南ペトウトル山

標高差　約525メートル

登り　1時間40分

下り　1時間

■**ガイド**（撮影　8月6日、9月25日）

登山口は然別湖畔温泉のはずれ、糠平寄りにあり、最初のカーブミラーが目印となる。著しい風倒木のために荒れ気味だったコースは、整備されてかなり歩きやすくなった。

体力（標高差）	35点
登山時間加算	D
高山度（標高）	B
険しさ	D
迷いやすさ	C
総合点45点（初級）	

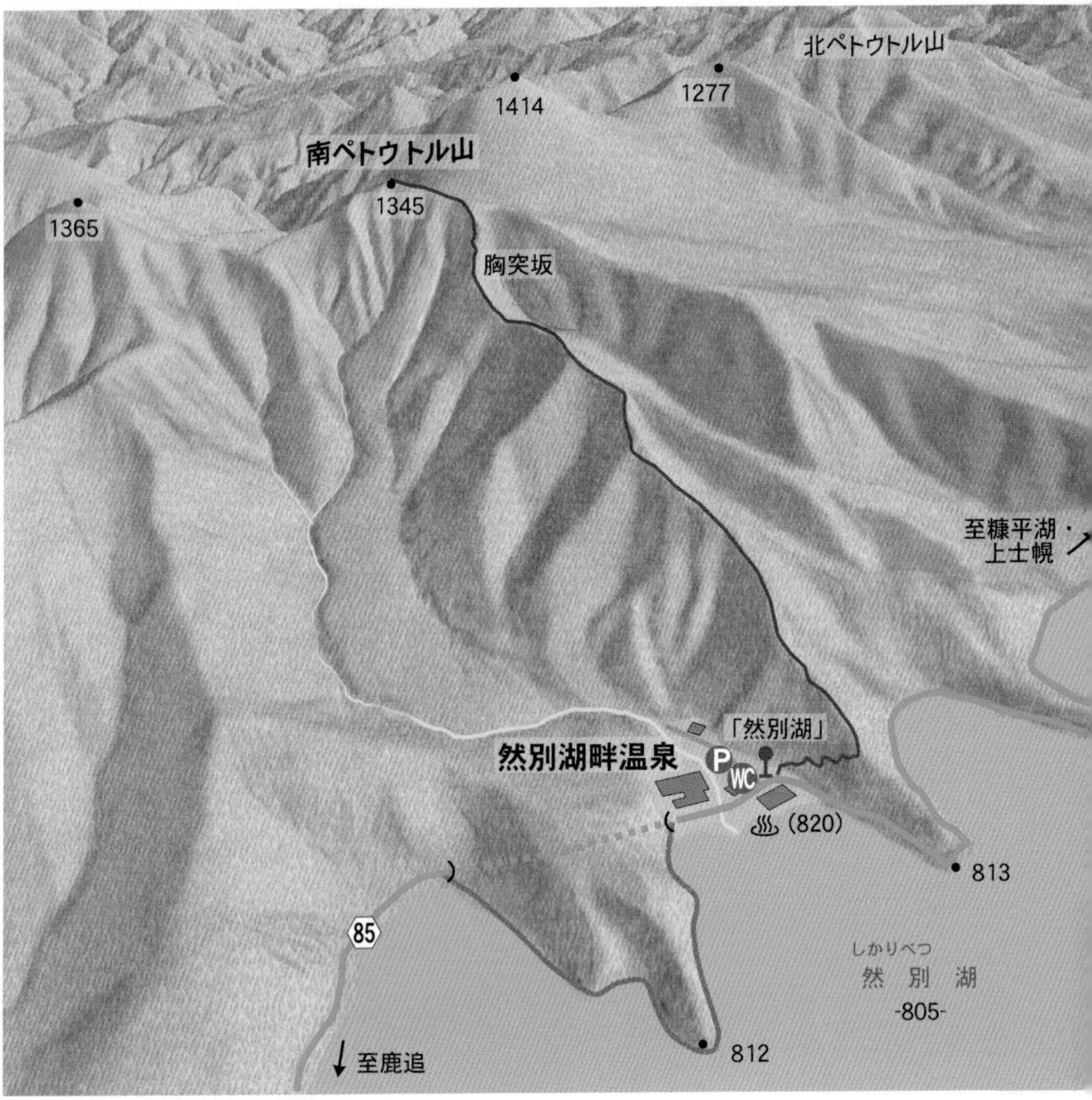

カーブミラーの奥に登山口の標識

最初はトドマツが多い針葉樹林の中を斜めに登り、頂上から南東に延びる尾根に乗る。一帯はアカエゾマツの大木やダケカンバ、トドマツの林だったが、風倒木地帯と化した。見晴らしは良くなったが、惨状には胸が痛む。

うっそうと茂っていた樹林がなくなったので、然別湖の姿を右後方に感じつつ高度を上げてゆく。

頂上近くから十勝平野の向こうに日高山脈が望まれる

常に湖面が望まれるようになった尾根道を登る

尾根道を登り詰めると胸突坂が現れる

日陰がなくなって繁茂するのがササとキイチゴだ。そのつる状の幹が邪魔して歩きづらい箇所もある。

　1150メートルの平たん地を過ぎると一転して胸突坂の急登となる。ここで標高差150メートルを一気に稼ぎ山頂部の平たん地に出る。ここを真西に進み頂上に向かうが、右手北方にクマネシリ山塊、ニペソツ山、ウペペサンケ山が望まれる。

　南に目を転ずると西ヌプカウシヌプリの向こうに十勝平野と日高山脈の連なりが見える。樹木がなければもっとすっきり見えるがこ

頂上からウペペサンケ山がよく見える

頂上から見下ろす然別湖。
左・天望山　右・白雲山

の高さでぜいたくはいえない。
山頂部一帯はクロウスゴ、ハイマツ、ハナヒリノキ、イソツツジなどの低木に覆われ、然別湖側の一角が刈り払われている。だから樹林に遮られて西側の展望はない代わりに、然別湖対岸の白雲山と天望山がよく見える。天望山は唇山と呼ばれるが、上唇だけはよく分かる。

白雲山（左）と東ヌプカウシヌプリを望む

1252m

東《ひがし》ヌプカウシヌプリ

国道274号東瓜幕付近から。左は西ヌプカウシヌプリ

十勝平野が北西に尽きるあたり、西ヌプカウシヌプリと並んで座る夫婦山である。然別湖への車道はこの両山に挟まれた白樺峠を抜けている。

ヌプカウシヌプリとはアイヌ語で「野の上にいる山」の意味といい、なるほどと思わせる。

この山には高山植物の女王と呼ばれるコマクサが、ダケカンバ林に生えるという貴重な植生が知られている。悲しいかな、そんな山にトンネルを貫く計画があった。

白樺峠コース

草原から、荒れた樹林を抜けて

■ 交通

ＪＲ帯広駅または新得駅と然別湖を結ぶ北海道拓殖バス（☎０１５５-31-８８１１）で「扇ヶ原展望台」か「白雲橋」下車。登山口となる白樺峠はその中間にあり、どちらからも約２キロある。要望が多ければ白樺峠にバス停ができるかもしれない。また鹿追市街まで右記のバスで行

白樺峠の登山口。一帯は草原のお花畑。目指すは右の山

体力（標高差）	35点
登山時間加算	D
高山度（標高）	B
険しさ	D
迷いやすさ	D
総合点40点（初級）	

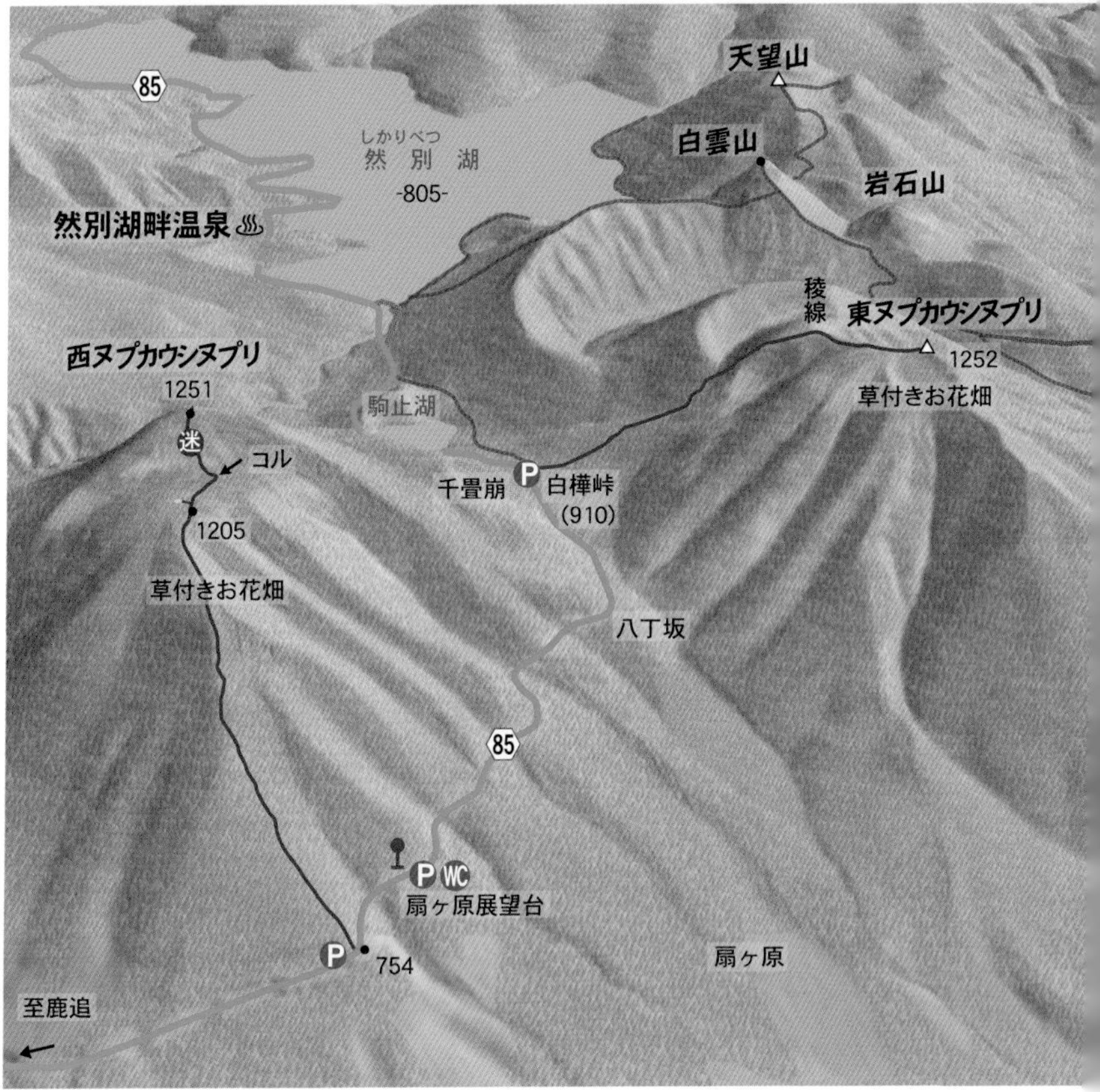

き、鹿追ハイヤー（☎０１５６－６６－２５２５）を利用する方法もある。

■ **マイカー情報**

鹿追とぬかびら源泉郷を結ぶ道道85号を白樺峠まで走り、そこの駐車帯を利用する。

■ **宿泊、キャンプ場**は「白雲山」の記事（20ﾍﾟｰ）参照。

■ **コースタイム**（日帰り装備）

白樺峠 0:40↓ 0:20↑ 稜線 0:20↓ 0:20↑ 東ヌプカウシヌプリ

標高差　約340ﾒｰﾄﾙ

登り　1時間

下り　40分

■ **ガイド**（撮影　8月18日）

登山口となる白樺峠は風の通り道となっているためか、樹木のない草原状のお花畑となっている。その草原の中に東に向かって一

↑頂上近くの稜線から見た白雲山(左手前)と岩石山

←隣の西ヌプカウシヌプリも見える

↓コケに覆われた美しい林床の森は、風倒木地帯に変わってしまった

筋の小道が見える。それがこの山へ登る道である、舗装道路の反対側は西ヌプカウシヌプリの山腹で、岩がごろごろした千畳崩《せんじょうくずれ》である。

　明るく気持ちのよい草地を抜けると、かつてはトドマツとアカエゾマツの多い針葉樹林中の道だっ

ダケカンバに覆われた山頂

十勝平野の雄大さを感じる頂上からの眺め

たが、そのあたりは台風による風倒木地帯と化してしまった。

登るに従い木の幹は細くなり、ハイマツも出現しはじめる。足元にコケモモやガンコウランを見るようになるといつの間にか稜線上を歩いていることに気がつく。

せいぜい北東にある岩石山が一時望まれるくらいで、あまり展望のよい稜線とはいえない。むしろチシマザクラ、チシマヒョウタンボク、エゾムラサキツツジなどが見られるのがうれしい。

稜線の傾斜がほとんどなくなると山頂はすぐである。山頂は樹林に囲まれているが、南東側は草地のお花畑となって開け、十勝平野が一望できる。山頂から南下する尾根に踏み跡があり、少し開けたところに出るが、見える景色に大差はない。

1251m

西《にし》ヌプカウシヌプリ

国道274号東瓜幕付近から

　白樺峠を挟んで東ヌプカウシヌプリと対峙《たいじ》している山。火山れきが積み重なったこんもりと丸い形を成し、白樺峠寄りの山腹は千畳崩として知られる。南山腹には扇ヶ原展望台があり、大勢の観光客でにぎわうが、上部からの展望は、それをはるかにしのいでいる。

　登山道が扇ヶ原展望台下からつけられているが、利用者は多くない。若いシラカバの林が美しく、草付きの斜面では花もそこそこに見ることができる。

扇ヶ原展望台コース

北国情緒たっぷりのカラマツ、シラカバ林

イラストマップは37ページ

■交通

JR帯広駅または新得駅から然別湖行きの北海道拓殖バス（☎0155-31-8811）で「扇ヶ原展望台」下車。100メートルほど戻った地点が登山口。鹿追市街から鹿追ハイヤー（☎0156-66-2525）も利用できる。

体力（標高差）	35点
登山時間加算	D
高山度（標高）	B
険しさ	D
迷いやすさ	C
総合点45点（初級）	

登山口と狭い駐車帯

美しい中腹のシラカバ林へ

スタートはカラマツ林下の直登から

林を抜けると東ヌプカウシヌプリが望まれる

■**マイカー情報**

鹿追とぬかびら源泉郷を結ぶ道道85号を走り、然別湖手前扇ヶ原展望台に駐車する。登山口直下にも狭い駐車スペースがある。

■**宿泊、キャンプ場**は「白雲山」の記事（20ページ）参照。

■**コースタイム**（日帰り装備）

登山口 1・10↓ 0・40↑ 1205メートル標高点 0・40↓ 0・30↑ 西ヌプカウシヌプリ

獲得標高差　約545メートル

登り　1時間50分

下り　1時間10分

■**ガイド**（撮影　10月1、15日）

トイレ、駐車場がある扇ヶ原展望台から道道を100メートルほど下った山側に登山口がある。

歩きはじめの登山道はカラマツ林の中に一直線に延びている。然別湖周辺の山では近年、風倒木が

やがて尾根上の道をたどる

多いが、この一帯ではほとんど見られず、天に向かってまっすぐに伸びる木々の幹が心地よい。
　高度を上げるに従い樹種はカラマツからシラカバへと変わっていく。しかしなぜか幹の太い木はなく、樹齢のそろった若木ばかりである。林床は相変わらずササで覆われているが、林が途切れる辺りからササ以外の草や低木の斜面となっていく。
　急傾斜の登りが続き、尾根筋が顕著になってくると左側がシラカバとダケカンバの林、右側は草付きの急斜面となり、眼下には十勝平野が広がり、扇ヶ原展望台もはるか下に望まれてくる。草地にはホタルサイコ、オミナエシ、エゾキヌタソウ、チシマフウロなどが咲いている。

平たんな1205m標高点

風倒木地帯となったコル。奥に岩れき斜面が

岩れき斜面を登る。足元に注意し、慎重に

頂上には山名板の掛かった岩がある。木々越しに遠く然別湖が望まれる

傾斜が緩くなると間もなく1205メートル標高点の平たん地である。ダケカンバの若木に囲まれた草地にはエゾオヤマノリンドウ、スズラン、コケモモなどが見られる。

頂上へは踏み跡をたどって平たん地の外れから樹林帯に入り、北東のコルへ向かって緩く下っていくが、この辺りの荒れようがひどい。まるで樹木の墓場の様相で、こけむした林床には風倒木が折り重なっている状態だ。

コルからは千畳崩に似た岩れき斜面となる。ここをテープの目印に導かれて登り切ると再び樹林の斜面で、やや荒れ気味の踏み跡をたどって最高地点となる。とはいえ一帯は樹林に覆われて視界は利かない。大きいとはいえない岩上からようやく然別湖を見下ろすことができる。

919m

天宝山《てんぽうざん》

ぬかびら源泉郷市街から

糠平湖の真南にある919mの山で地元以外にはあまり知られていない。頂上まで針葉樹を主体とした林に覆われ、森林浴気分で落ち着きのある山歩きが味わえる。以前は頂上から東大雪のほとんどの山を見渡すことができ、「展望山」と呼びたくなるほどだったが、近年は周囲の樹木が成長し、いまひとつとなってしまった。また、度重なる自然災害により、登山口までのアプローチの状況が大きく変わったので注意したい。

ぬかびら源泉郷コース

台風による災害でアプローチに難あり

■特記事項

台風等の被害により、従来の国道からのアプローチができなくなった。地元のひがし大雪自然館では、2020年春現在「登山口まで行けない」と公表している。

ここに紹介するのは、鉄道資料館側から旧線路跡を経由してアプローチする方法だが、コースとして整備された道ではないことをはじめに断っておく。また、不二川の登山口にあった標識と鉄製の橋は流失し、復旧や整備のめどは立っていない。登山グレードは計算上「初級」になっているが、危険箇所や不明瞭な箇所があることを前提に判断・検討してほしい。

■交通

JR帯広駅前から十勝バス（☎0155-23-5171）ぬかびら線で終点

体力（標高差）	35点
登山時間加算	D
高山度（標高）	C
険しさ	C
迷いやすさ	C
総合点45点（初級）	

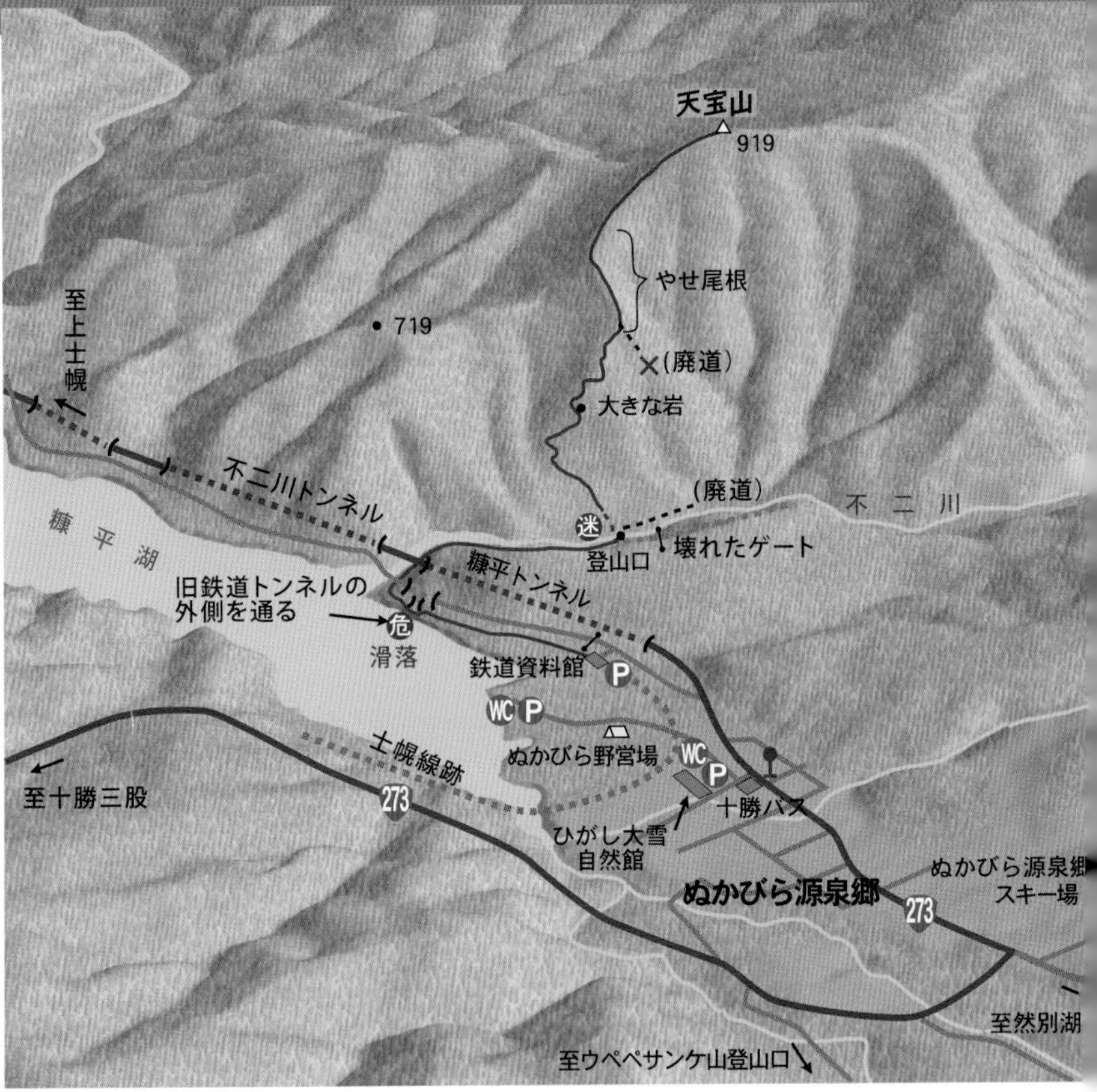

ぬかびら営業所下車。

■マイカー情報

ひがし大雪自然館または鉄道資料館の駐車場を利用。

■宿泊施設

ぬかびら源泉郷に9軒のホテル、旅館などがある。（上士幌町観光協会☎01564-7-7272）

■国設ぬかびら野営場

源泉郷の一画、糠平湖畔にある。

▼開設期間＝6月25日～9月24日。有料。

▼管理連絡先＝上士幌町商工観光課☎01564-2-4291

■コースタイム（日帰り装備）

ひがし大雪自然館 ─0・30↓ 0・30↑─ 登山口 ─1・00↓ 0・40↑─ 天宝山

標高差　約390メートル
登り　1時間30分
下り　1時間10分

不安定な急斜面をトラバース

トンネルは通行止めなので外側へ

不二川を渡渉。橋脚跡（▼印）が見える

旧道を横切り不二川林道へ入る

■**ガイド**（撮影　9月18日他）

前述したように、登山口までのアプローチは、公に認められたものではなく、危険を伴う道なき道であることを前提に読んでほしい。

ひがし大雪自然館から国道経由で鉄道資料館へ行き、そこから士幌線跡をたどる。前方にトンネルが見えてくるが、内部は通行止めなので外側をトラバースしてゆく。道があるわけではなく、足元は湖に向かって急斜面となっている。これを抜けて旧道の不二川橋たもとに出たら、左岸に沿った不二川林道に入る。

500㍍ほど進んだところがかつての登山口で、不二川を渡る鉄製の橋と標識があったがいずれも流失した。河原に残されたコンクリート製の橋脚と対岸の赤い標識を目印に渡渉する（林道上に壊れ

勾配が緩むとほどなく頂上。古びた山名板が寂しげだ

大きな岩の上部を登る。周囲はトドマツが主体だ

かつては頂上から東大雪の山々を一望できたというが…

たゲートが現れたら行き過ぎなので、10メートルほど戻って河原をよく探されたい）。

赤い標識から山に向かうと登山道があるが、標識などはなくやや分かりにくい。また地形図に記された登山道は古いもので今は廃道となっている。

登山道に入ってしまえば、やや不明瞭な箇所や倒木はあるものの、災害の爪痕はほとんど感じられない。未整備であることを考えれば、道はよく残っているといえよう。15分ほどで大きな岩の基部を通ると、あとはずっと尾根を行くことになる。途中一瞬、斜度が緩む所があるも、すぐにまたトドマツを主体とした急斜面となる。

三等三角点のある山頂は周囲の木が伸び、展望は木々の合間に温泉街の一画が見える程度である。

1848m

ウペペサンケ山《やま》

三国峠から

東大雪の同じ独立峰的なニペソツ山とセットでニペ・ウペペと呼ばれる。ウペペサンケはアイヌ語で雪解け水を出す意味だという。

2kmほどの長い頂稜を東西に延ばした独特の山容は、遠くからも一目瞭然だ。その東端、三角点のあるピークを糠平富士といい、最高点はさらに1.2km西にある。

登山道はぬかびら源泉郷から1本、かんの温泉から2本あるが、前者は現在林道が通行止め、後者の2本も事実上廃道状態である。

ぬかびら源泉郷コース

針葉樹の森から見晴らしの稜線へ

■特記事項

2016年の台風等により、登山口への林道が複数箇所で崩壊。19年秋現在、国道から2・5キロ地点（登山口手前4・7キロ地点）で通行止め。復旧は未定。

大雨で激しく損壊した林道

不通区間を歩いて入山する場合、駐車は通行止め地点から数百メートル手前の配水施設付近、土場などにスペースを見つけられる。関係車両の通行には十分に配慮すること。林道の大半の区間は無傷だが、崩壊箇所の状況は深刻で、なおも不安定かつ危険な状態が続いている。通行止め地点から登山口までの所要時間は、往復ともに1

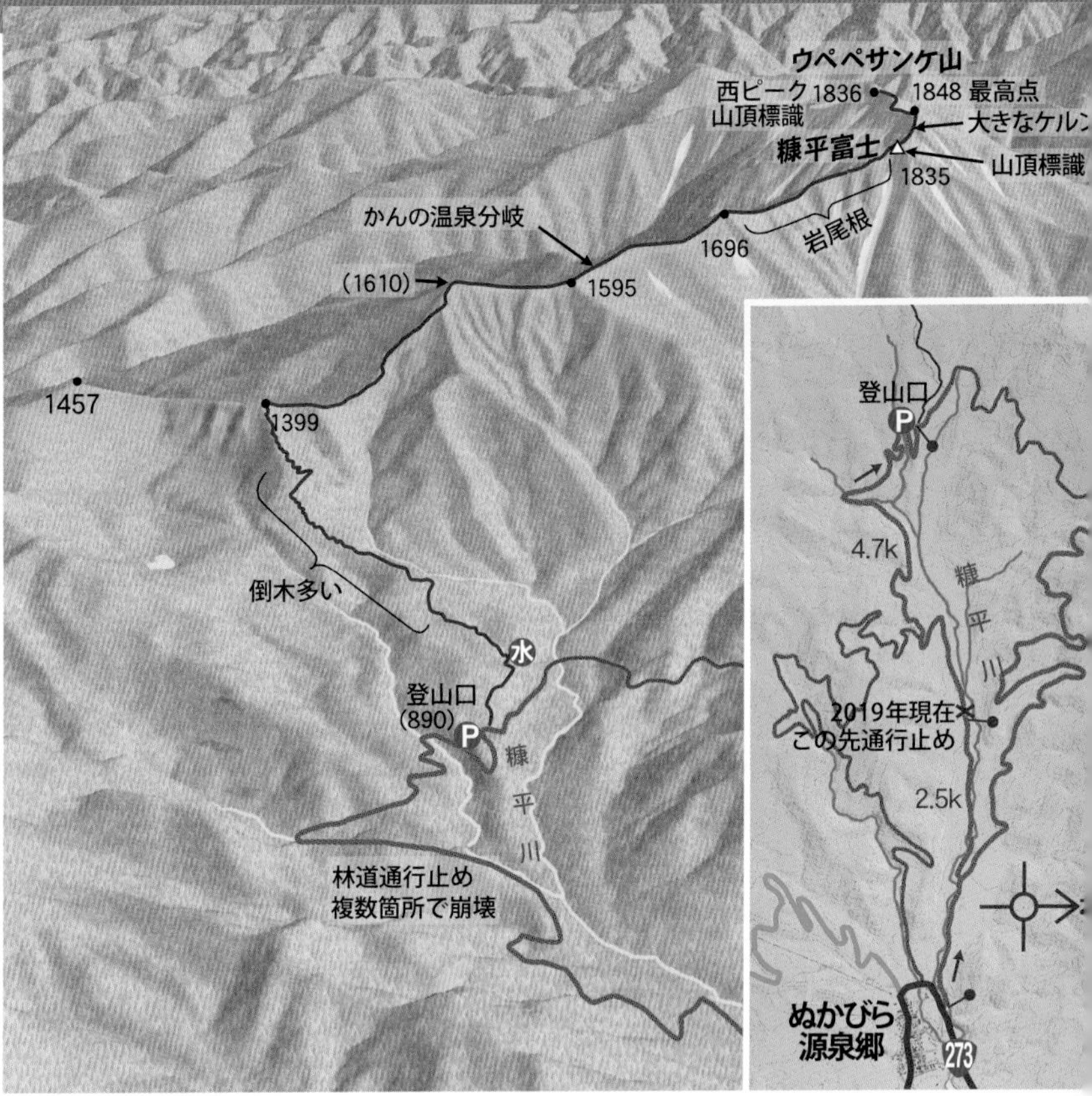

時間30分～2時間程度。

また林道通行止め以降、登山道の整備も行われていない。全般にササかぶりハイマツかぶりが進み、前半の樹林帯では倒木も多く不明瞭な箇所も出てきている。

登山口からの登山グレードは51ジペーを参照。通行止め地点からは体力、所要時間、険しさが加算され、80点（上級）となる。

■交通

JR帯広駅前から十勝バス（☎0155-23-5171）ぬかびら線で終点・ぬかびら営業所下車。または帯広と旭川を結ぶノースライナー三国峠経由（北海道拓殖バス☎0155-31-8811、要予約）を利用。林道通行止め地点までは、道の状態にもよるが、上士幌タクシー（☎01564-2-2504）が相談に乗ってくれる。

冷たい水が湧く最終水場

登山口の様子(通行止め以前)

1399 m ピークで憩う。前方に1610 m ピーク

■マイカー情報

ぬかびら源泉郷から国道273号を北に約1キロ走り、左に折り返すように分岐する林道に入る。登山口までは約7・2キロ。10台ほどの駐車スペースがある。ただし、冒頭のように現在は2・5キロ地点で通行止めとなっている。

■宿泊施設

ぬかびら源泉郷に9軒のホテル、旅館などがある。（上士幌町観光協会☎01564-7-7272）

■国設ぬかびら野営場

源泉郷の一画、糠平湖畔にある。

▼開設期間＝6月25日～9月24日。有料。

▼管理連絡先＝上士幌町商工観光課☎01564-2-4291

稜線上から見る石狩連峰。左端がユニ石狩岳

1610ｍピークからはるか頂稜を望む

■コースタイム（日帰り装備）

登山口 1:30↓ 1:00↑ 1399㍍峰 0:40↓ 0:30↑ かんの温泉分岐 1:30↓ 1:00↑ 糠平富士 0:50↓ 0:50↑ 最高地点

獲得標高差　約1140㍍
登り　4時間30分
下り　3時間20分

■ガイド（撮影　9月7日、15日）

登山口および駐車場は2011年の大雨被害によって、それ以前より400㍍ほど手前に移動した。登山口を入るとすぐに地形図にない作業道に出、これを右折して5分ほどで従来の登山道に合流する。ほどなく最終の水場があるので補給しておこう。

道はやがて斜度が増し、つらい登りとなる。倒木やササかぶりも多く、迷いやすい場所もあるので注意したい。これを

体力（標高差）	45点
登山時間加算	C
高山度（標高）	A
険　し　さ	D
迷いやすさ	B
総合点65点（中級）	

●登山口から

長い稜線は、糠平富士に近づくにつれ、高山の雰囲気が濃くなる

黄葉するウラシマツツジがあった→

↓最初に着くのは東端の糠平富士

登り詰めると稜線上１３９９㍍の小ピーク。展望が開けるが、山頂は眼前の１６１０㍍ピークに遮られてまだ見えない。

　この１６１０㍍ピークへは急な直登のうえにササかぶりも進み、道中一番つらい箇所であろう。ダ

糠平富士から最高地点へは大きなギャップを越えなければならない

ケカンバの尾根道をあえぎ、ハイマツ帯まで高度を上げれば視界が開け、ウペペサンケ山上部の全貌を見渡すことができる。

ここからは稜線上の小さなアップダウンを繰り返しつつ、高度を上げてゆく。ハイマツが伸びて歩きにくいところもあるが、足元の道は明瞭だ。途中で合流するかんの温泉東コースは廃道化した。山頂が近づくにつれて高山の雰囲気が濃厚になり、振り返れば糠平湖とその前に並ぶ溶岩円頂丘の山群が特異な景観をつくっている。

最初に登り着くピークは、三角点のある通称糠平《ぬかびら》富士。最高地点は大きなギャップを越えた奥にあり、さらに頂稜の西端には西ピークもある。どのピークを頂上とするかは、時間と体力に相談することとしよう。いずれのピークから

もそれぞれ素晴らしい眺望があり、特にニペソツ山の鋭い姿とその奥に広がる大雪山が印象に残ることだろう。なお、西ピーク経由のかんの温泉西コースも、林道通行止めにともない廃道化している。

最高地点からの眺め

2013m

ニペソツ山《やま》

ウペペサンケ山から

東大雪の最高峰で標高は2000 mを超え、石狩連峰とウペペサンケ山に挟まれたやや独立峰的な存在。鋭いアルペン的な山容を誇り、見ても登っても魅力的な山だ。

山名の由来は、十勝川の支流ニペソツ川の源にあることにより、ニペソツとはシナノキが群生するところの意味という。

長く使われてきた十六ノ沢コースが台風による林道崩壊で利用不能となったため、廃道状態だった幌加温泉コースが再整備された。

幌加温泉コース

針葉樹林からお花畑、東大雪の展望台へ

■ 特記事項

2016年夏の台風により、十六ノ沢（杉沢）コース登山口に至る林道は壊滅的被害を受けた。復旧の見通しはなく、同コースも事実上利用できない。代わって長らく廃道状態だった幌加温泉コースを再整備し、18年から開放した。

■ 交通・宿泊・キャンプ場

基本的に「ウペペサンケ山ぬかびら源泉郷コース」（49ページ参照）に同じ。都市間バスノースライナー三国峠経由を利用の場合は幌加温泉バス停下車。登山口まで徒歩約3キロ。

■ マイカー情報

ぬかびら源泉郷から国道273号を三国峠方面に約15キロ、幌加温泉の標識に従って左折する。約0.8キロでニペソツ山登山口の標識に従って

体力（標高差）	55点
登山時間加算	B
高山度（標高）	A
険　し　さ	C
迷いやすさ	C
総合点80点（上級）	

登山口を出発。右は駐車場へ

林道ゲート。駐車場はこの右手にある

道標、ササ刈りなど整備状況はよい

小沢の水量は少なく登山靴で大丈夫

林道に入り、約0・2キロで登山ポストのある林道ゲート。その右側に10台分ほどの駐車場と簡易トイレ、携帯トイレ回収ボックスがある。混雑時は手前の土場も駐車できる。

ゲート開放時はさらに2キロ奥の登山口まで入れるが、道は荒れ気味で乗用車は腹を擦るかもしれない。駐車スペースは10台ほど。

■コースタイム（縦走装備）

林道ゲート（0:40↓ 0:40↑）登山口（1:20↓ 1:10↑）三条沼（1:50↓ 1:20↑）1662メートルコブ（1:20↓ 1:10↑）前天狗キャンプ指定地（1:40↓ 1:20↑）ニペソツ山

獲得標高差　約1600メートル
登り　6時間50分
下り　5時間40分

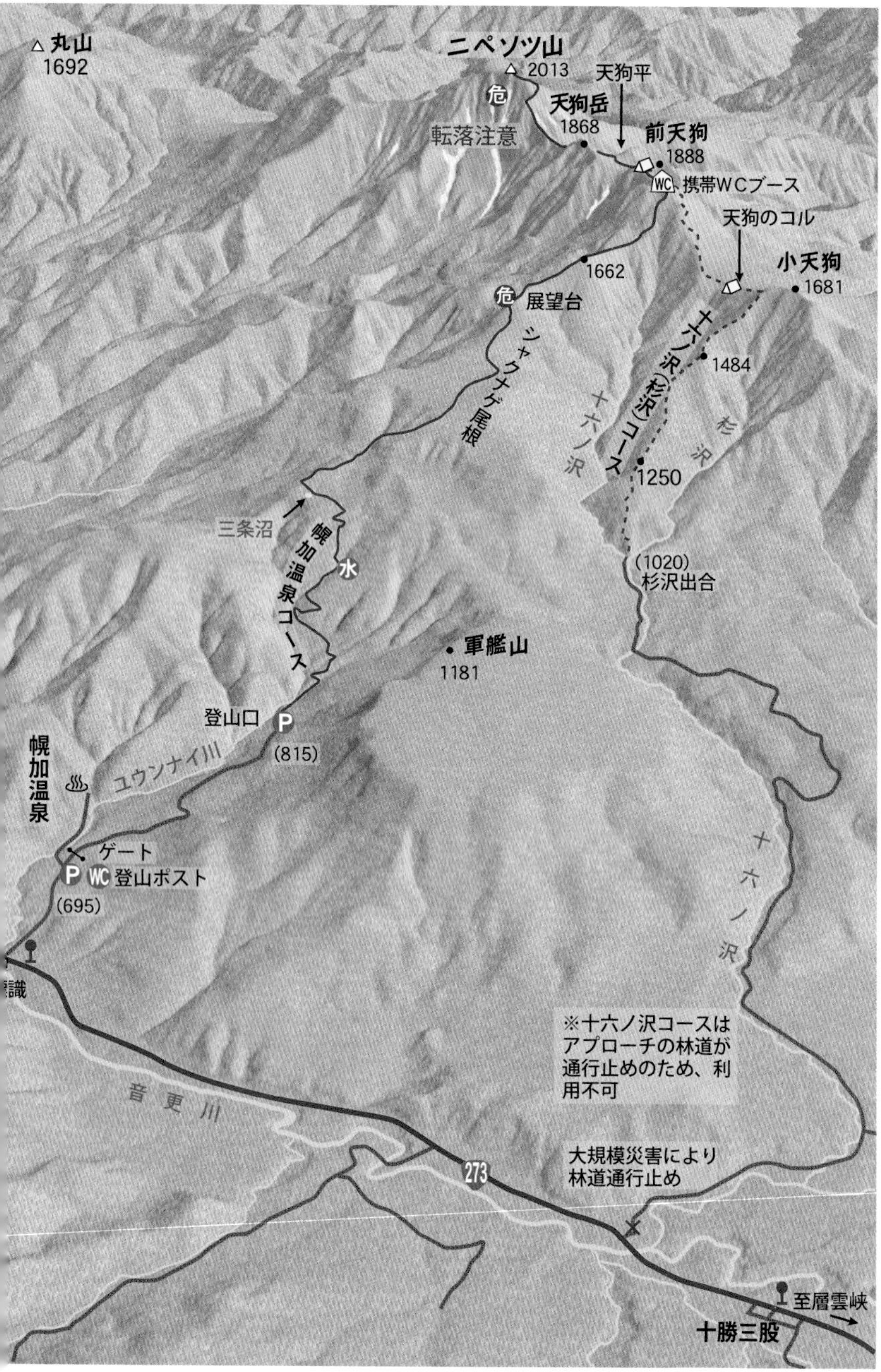

丸山
1692
ニペソツ山
2013
危
転落注意
天狗平
天狗岳
1868
前天狗
1888
携帯WCブース
天狗のコル
小天狗
1681
1662
危
展望台
シャクナゲ尾根
十六ノ沢（杉沢）コース
1484
十六ノ沢
杉沢
1250
(1020)
杉沢出合
三条沼
幌加温泉コース
水
軍艦山
1181
登山口
P
(815)
ユウンナイ川
幌加温泉
ゲート
P
WC
登山ポスト
(695)
標識
音更川
273
十六ノ沢
※十六ノ沢コースはアプローチの林道が通行止めのため、利用不可
大規模災害により林道通行止め
至層雲峡
十勝三股

幽玄さ漂う三条沼。手前にも小さな池がある

アカエゾマツとコケの競演

味わい深いアカエゾマツの純林

ガイド（撮影　7月29日、9月20日）

行程の長さから敬遠され、いつしか廃道状態となっていたこのコース。十六ノ沢コースが使えなくなったことで再び脚光を浴びることとなった。関係機関によってササ刈りや道標設置などの整備が行われ、2018年から運用が開始されている。コースはしっとりとした針葉樹林からナキウサギの遊ぶお花畑、そして絶景続く稜線へと変化に富む。健脚者なら日帰

展望台からの眺め。雲に隠れているが、中央がニペソツ山

1662ｍコブ付近に多いリンネソウ

ダケカンバの白がまぶしい尾根

りも可能だが、前天狗で1泊する計画で臨めば、よりこの山の魅力を楽しめることだろう。

　まずは登山口まで林道を2キロ歩く。ゲート開放時は車でも入れるが、道路状況はあまり良くない。道が二股に分かれる所が登山口で、右は駐車場、コースは左の作業道跡に入る。序盤は斜度も緩く、小沢を何本か横切りながらゆく。ぬかるみが多く、スパッツの装着が有効だ。標高1000メートルを

お花畑へと入ってゆく。花の種類も多く目を和ませてくれる

稜線上に出ると一気に展望が広がる

静かにしていれば姿を見せてくれるかも

超えたあたりで横切る沢は、確実に水を得られる最後の水場となる。

道が平たんになると左手に三条沼が現れる。針葉樹に囲まれ、水草が漂う趣のある池である。その後、いったん斜度が増すが、これを登り切ると再び平たんになる。鳥の声が響く林には立派なアカエゾマツが目立ち、林床はコケが美しい。

やがてダケカンバが出てくると道は尾根上をたどるようになり、ほどなくガレ場の縁に出る。ここは展望台と呼ばれ、目指す天狗岳からニペソツ山の稜線を一望できる。距離的にはすでに行程の3分の2近くまで来ているが、その頂はまだ遠く見えることだろう。

ダケカンバの美しい尾根をひと登りしたところが1662メートルコブ。ハイマツの根や枝が入り組んだ道を緩く下った後、明るく開け

長い頂稜が特徴的なウペペサンケ山

携帯トイレブースのある前天狗キャンプ指定地

た沢形の登りに入ってゆく。かん木帯を挟んで3回に分けて現れるお花畑は、ツガザクラ類やエゾツツジ、チングルマなどが群落をつくり、岩れき帯のあちこちからナキウサギの声が聞こえてくる。日当たりもよく、このままのんびりしたくなる楽園のようなところだ。なお、早い時期（おおむね6月中）は残雪があり、滑落に注意したい。ロープが張られたかん木帯の急登を抜けると、主稜線上に飛び出す。

道はここで左に折れ、ハイマツと岩れき、ヒースの広々とした尾根上を前天狗へと向かう。やがてスカイラインの先に天を突くようなニペソツ山のピークが見えはじめ、思わず歓声が上がることだろう。ただし、視界不良時は目標物に乏しく、紛らわしい踏み跡もあるので注意を要する。

前天狗から見た天狗岳とニペソツ山

ており、携帯トイレブースが設置されている。テント場がいっぱいのときや悪天時は、十六ノ沢コースを1時間ほど下った天狗のコルでも幕営が可能だ。

前天狗からはおわん状にくぼん

コルから前天狗を振り返る。帰りはこれを登り返す

天狗岳の山腹を横切ってニペソツ山を目指す

山頂部の登りの途中から来し方を振り返る。複雑な地形がよく分かる

だコルへと下り、天狗岳の西斜面をトラバース。続いて細い稜線を下ってニペソツ山とのコルに下り立つ。この2カ所の下りは、帰路、こたえる登り返しとなるだろう。

コルからは最後にして最大の急な登りとなる。ハイマツやミヤマハンノキなどの低木帯から次第に東側が崖状となってくる。見上げると切れ落ちた東壁の上に頂上が望まれ、圧倒されそうだ。

東壁下部の縁を直登していた道は、いったん斜度が緩んで進路を右に変え、西に延びる稜線上に出る。風が強いときはあおられないよう油断せずに。これを折り返すようにして稜線上をゆけば山頂はもうすぐだ。焦らず、名山の味をじっくりかみ締めながらゆこう。

頂上の西は急斜面、東は崖となっており、展望は足元から広がるようだ。東大雪から表大雪、十勝連峰と期待通りのパノラマを楽しもう。ただし、東壁は風化が激しく浮き石も多い。景色に見とれて転落せぬようくれぐれも注意を。

最後は西に張り出した細い稜線上を頂上へ。背後は表大雪方面の山

←ようやく頂上が見えてきた

↙大展望が広がる岩の露出した頂上

ニペソツ山固有の高山植物トカチビランジ↓

1756m

ユニ石《いし》狩《かり》岳《だけ》

旧由仁石狩川コース登山口から

石狩連峰の中にあって、夏山登山の対象となる山では東端に位置している。縦走路から外れているのでちょっと登りにくいが、連峰中では日帰り可能で、最近は手頃な山として随分登られているようだ。

由仁石狩川の水源に位置するのが山名の由来。ユニはアイヌ語の「通路とする」という言葉がなまった音らしい。

途中の十石峠まで２本の登山道があったが上川側の由仁石狩川コースは利用できなくなった。

十勝三股コース

石狩連峰では手頃なコース

■ 特記事項

２０１６年夏の台風被害により登山口へ通じる林道が崩壊。新たなルートでアプローチする。詳細はマイカー情報の項と68ページの地図を参照のこと。登山道自体は特に被害は受けていない。

■ **交通・キャンプ場・宿泊**は基本的に「ウペペサンケ山ぬかびら源泉郷コース」（49ページ参照）に同じ。都市間バスノースライナー三国峠経由を利用の場合は十勝三股バス停が最寄りだが、登山口まで17キロあり、あまり現実的ではない。

■ **マイカー情報**

十勝三股から国道２７３号を三国峠方面に約５キロ走り、左手の林道に入る。その後は68ページの地図のとおり進む。国道から登山口まで11・8キロ。道の状態は一部荒れた箇所もある

体力（標高差）	45点
登山時間加算	C
高山度（標高）	A
険　し　さ	D
迷いやすさ	C
総合点65点（中級）	

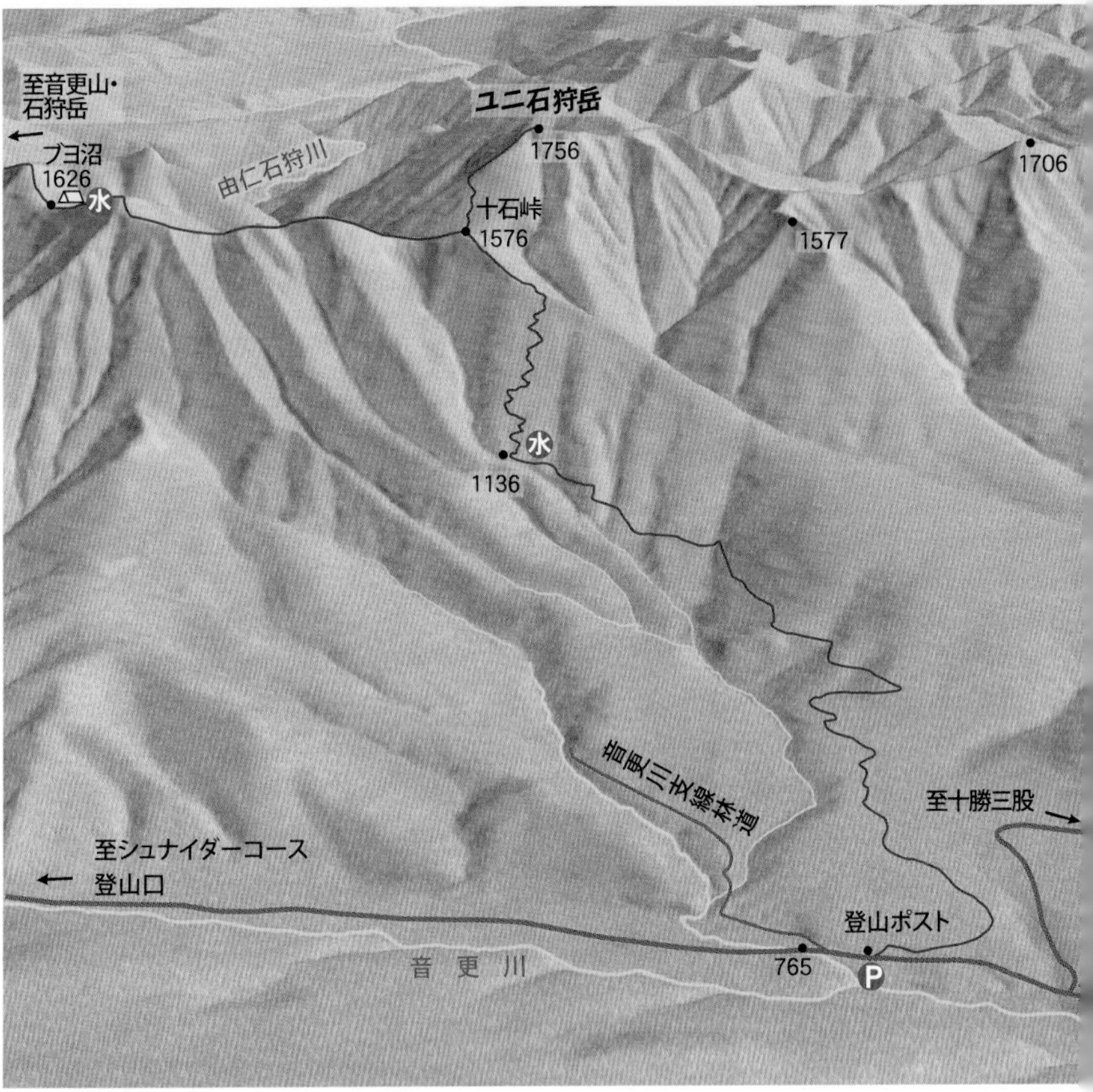

国道から林道へ。現在は立派な案内標識がある

が、慎重に走れば普通乗用車でも大丈夫だろう。途中、数カ所の分岐があるが、車止めやわだちを頼りに道なりに進めばよい。登山口には4、5台分の駐車スペースと登山ポスト、案内板がある。トイレはない。

ササ刈りされたばかりの作業道跡

登山口と駐車場。国立公園の案内板が目印

水場は登山道からは直接見えない

近年の台風被害か倒木も目立つ

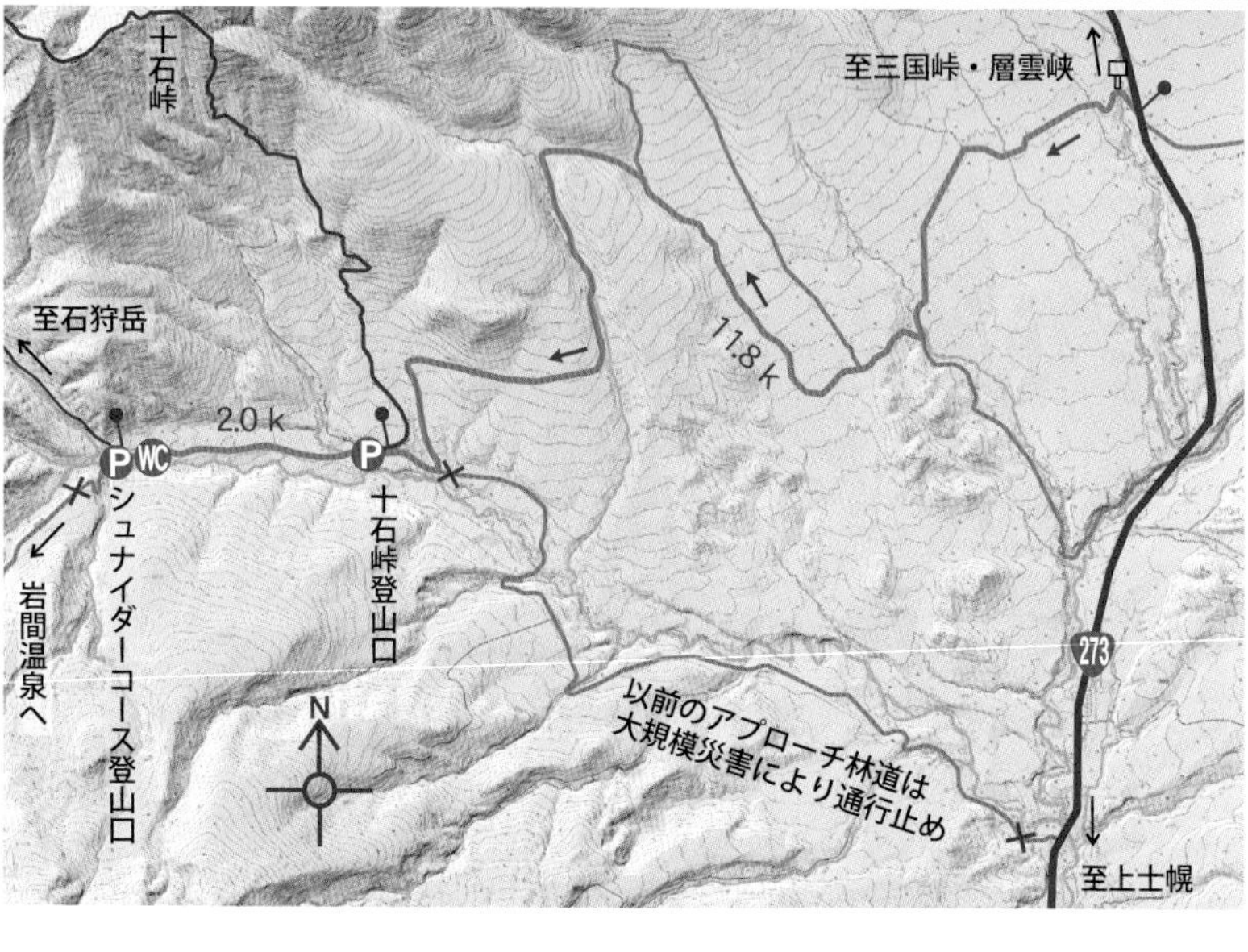

十石峠が近づくと視界が開けてくる。十勝三股を挟んでクマネシリ山塊の眺め

360度の展望が得られる十石峠

■**コースタイム**（日帰り装備）

登山口 1:30↓ 1:00↑ 水場 2:00↓ 1:00↑

十石峠 1:00↓ 0:30↑ ユニ石狩岳

獲得標高差 1040メートル

登り 4時間30分

下り 2時間30分

■**ガイド**（撮影 9月2日、13日）

ユニ石狩岳へは、はじめに国境稜線上の十石峠に登り、そこから北に位置するピークへ取り付く。

登山口を入ってしばらくは傾斜の緩い林の中をゆく。標高1000メートルを超えた辺りまでは歩きやすい作業道跡だが、左右からササが侵出した現在はあまりその名残を感じられない。また、ササ刈りは数年に一度程度なので、訪れるタイミングによっては煩わしさを感じるかもしれない。

道は少しずつだが斜度を増し、

十石峠から望むユニ石狩岳はなかなかのボリュームだ

由仁石狩川とニセイカウシュッペ山。十石峠の西から

うっそうとした針葉樹林の斜面をトラバースするように登ってゆく。やがて沢地形を横切ると最終水場である。地形図上1136《メートル》標高点付近、営林署の看板が目印で、水音を頼りにササを分けると水量十分な沢に出る。

　ここからは東大雪らしい傾斜を持った山道となる。針葉樹林下に見通しの利かないジグザグが続くつらい登りだ。だが、その頑張りどころを過ぎてダケカンバ帯に入るとすぐにハイマツが現れ、同時に背後の展望が一気に開けてくる。樹海の奥に鋭くそびえるニペソツ山の姿が印象的だ。

　急坂を登りきると十石峠と錯覚しそうな平たん地となるが、本当の峠はさらにダケカンバが密生する急坂を登らなければならない。

　峠は通常鞍部《あんぶ》にあるものだが、

雄大な眺望が足元に広がってゆくユニ石狩岳の登り。背景はニペソツ山

十石峠は小高い丘の上といった趣の明るい場所だ。旧十勝国と石狩国の境界であったことからこの名が付いた。もっとも石狩側（上川側）は廃道となって久しく、通り抜けることはできない。

ユニ石狩岳へはいったん由仁石狩川寄りにコルへと下り、そこから本格的な登りにかかる。ダケカンバなどが生える樹林帯はほどなくハイマツの急斜面となり、これを斜めに切りながら高度を上げてゆく。やがて、れき地の尾根に出れば頂上は間近である。コマクサやエゾツツジなどの高山植物に励まされての登りがうれしい。

山頂からは間近にクマネシリ山塊や音更山、やや遠くに表大雪、ニペソツ山、ウペペサンケ山などが連なり、山座同定に時のたつのも忘れそうである。

1967m

石狩岳《いしかりだけ》

1932m

音更山《おとふけやま》

緑岳下部から。右：石狩岳、左：音更山

標高2000mに届かないが、上川地方と十勝地方の境界をなす石狩連峰の主峰と第二峰である。それぞれ石狩川と音更川の水源に位置するのが山名の由来だろうが、かつて石狩岳は大雪山を総称する名でもあった。

イシカリとオトフケの語義には諸説があり、定説がないようだ。

それぞれ日帰りでピストンすることも可能だが、両山を結んで縦走形式で登ればこの連山の魅力を存分に味わえることだろう。

十石峠コース

展望が魅力の連山縦走コース

■ **交通・マイカー情報・キャンプ場**などの情報は「ユニ石狩岳十勝三股コース」（66ページ）と同じ。

■ **コースタイム**

音更山まで（日帰り装備）

登山口 3:30↓ 2:00↑ 十石峠 1:00↓ 0:40↑ ブヨ沼 1:30↓ 1:00↑ 音更山

獲得標高差　約1380メートル
登り　6時間
下り　3時間40分

石狩岳まで（縦走装備）

登山口 4:00↓ 2:20↑ 十石峠 1:10↓ 0:50↑ ブヨ沼 1:50↓ 1:20↑ 音更山

体力（標高差）	50点
登山時間加算	B
高山度（標高）	A
険　し　さ	C
迷いやすさ	D
総合点75点（上級）	

十石峠からブヨ沼へ向かう。右奥が音更山

ブヨ沢源頭・ブヨ沼のキャンプ指定地

キャンプ地近くにたたずむブヨ沼

1・00↓ 1・30↑

シュナイダーコース分岐

1・00↓ 0・35↑

石狩岳

獲得標高差　約1640メートル

登り　9時間

下り　6時間35分

体力（標高差）	55点
登山時間加算	A
高山度（標高）	A
険　し　さ	C
迷いやすさ	C
総合点85点（上級）	

■ **ガイド**（撮影　9月2日、14日）

ここではブヨ沼に1泊して石狩連峰の核心部分を縦走する形式で紹介する。石狩岳の頂上に立った後は、シュナイダーコース（81ページ参照）を下山するか、さらに沼ノ原方面に縦走を続ける（84ページ参

音更山
1932
迷
66
岩れき帯
1626
ブヨ沼
水
1725
ユニ石狩岳
1756
十石峠
1576
1136
水
音更川
至十勝三股

至沼ノ原
1729
ニペノ耳
（J·P）
1895
川上岳
1894
小石狩岳
1924
石狩岳
1967
1966
シュナイダーコース分岐
1770
かくれんぼ岩
シュナイダーコース
1126
渡渉
水
二十一ノ沢
854
岩間温泉
通行止め
803
御殿大橋（損壊）
P
WC
音更川
765
登山ポスト
P

音更山の頂上から望む石狩岳とニペソツ山（左奥）

ブヨ沼の西の小ピークから見た音更山。キツい登りが待っている

照）。前者の場合は本コース登山口のある林道に下りるので、マイカーやレンタカーが利用できる。また、音更山のみなら日帰り可能だが、その場合はシュナイダーコースを往復するほうが、体力的にいくぶん楽だろう。

十石峠まではユニ石狩岳十勝三股コースのガイド（66ページ）を参照のこと。

十石峠を後に国境稜線を西に向かって小さな起伏を越えてゆく。ニペソツ山やクマネシリ山塊をはじめとする大きな景色を楽しみながらの稜線歩きであるが、所々でハイマツやミヤマハンノキの茂みがうっとうしい。

その先のれき地となったコブからは、これから歩く音更山から石狩岳への稜線がよく見える一方、足元にはコマクサを見つけること

ができる。キャンプ指定地のブヨ沼はこのコブを下った地形図上1626メートルのコルにある。池は小さくよどんでいて、いかにも不快な

音更山山頂付近から来し方とクマネシリ山塊を見る

岩れき帯の下りは道迷いに注意

広々とした音更山山頂

音更山〜石狩岳間は気持ちいい尾根歩き。背後は音更山

虫が多そうな雰囲気だ。キャンプ地はその北側すぐの所で、4、5張り分のスペースがあり、ユニ石狩岳の眺めがいい。水場は沢を5分ほど下った所にある。

2日目　音更山へ

翌日はまず、目の前の小ピークを越える。眺めのよいその上に立つと音更山の大きな姿が間近に迫ってくる。同時にこれから登ることになる急な道も目に入り、思わずため息が出そうだ。視界の利かないハイマツ廊下を下り、ダケカンバの生えるダラダラとした鞍《あん》部《ぶ》を抜けたところで、標高差250《メートル》のその登りに取り付く。大部分はハイマツに覆われ、ひたすらつらい登りに専念せざるを得ない。

これを登り切ると稜線は台地状となり、湿地状のお花畑も見られ

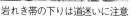

音更川源流域、十勝三股方面を展望

鋭いニペソツ山の奥にウペペサンケ山の長い頂稜が

花と展望が元気をくれる石狩岳の登り

る。視界不良時はコースに沿った鉄杭の目印を見逃さないようにしよう。音更山の頂上は台地を緩く西端までたどったところにある。

　岩を積んだような頂上はゆったりとしているが、眺めは一級だ。石狩川の上流域を挟んで表大雪を一望し、眼前には鎮座という言葉がふさわしい石狩岳とその肩口にニペソツ山の鋭鋒が並ぶ。はるか遠くにはトムラウシ山と十勝連峰がかすみ、大雪山の広さをしみじみ感じることだろう。

音更山から石狩岳へ

　山頂を南に向かって下ってゆくと、大きな岩が累々とした岩れき帯となる。目印に乏しく、視界不良時は迷いやすい一帯だ。コンパスやＧＰＳで方向を確認しながら進もう。１７６６メートル手前の鞍部まで下ればハイマツの稜線となり、

石狩岳山頂からは石狩川源流、沼ノ原、トムラウシ山の大パノラマが

そこから数分でもう１ｍ高い最高点へ

山頂標識は 1966 ｍ ピークに

コースは明瞭となる。ハイマツ帯は眺めもよく、所々ウラシマツツジの群落やコマクサも見られる快適な稜線歩きである。やがてのしかかるように石狩岳が迫ってくるとシュナイダーコース分岐だ。

石狩岳山頂までの標高差は200《メートル》ほど。はじめはハイマツの斜面をジグザグに高度を上げ、続いて石狩岳東面の迫力を間近に感じながら稜線の左側をたどる。再び稜線上に戻り斜度の増した道を登り詰めれば待望の頂上である。ただし、ここは山頂標識のあるピークで、1《メートル》高い最高点はその少し先、一度下って登り返した所だ。

険しい稜線は小石狩岳《ぽんいしかり》、川上岳、ニペノ耳と続き、その背後に広がるトムラウシ山や表大雪、十勝連峰の山並みは、新たなる山旅へと誘っているかのようである。

つらい登りを終えると表大雪の山々が出迎えてくれる。シュナイダーコース分岐で

シュナイダーコース

急しゅんな尾根道を使う最短コース

■**交通・マイカー・宿泊情報**などは、基本的にユニ石狩岳十勝三股コース（66ページ）と同じ。登山口はユニ石狩岳登山口からさらに林道を2キロ奥に入る。駐車場は広くキャンプも可能。簡易トイレあり。なお、登山ポストはユニ石狩岳登山口前にある。

シュナイダーコースの駐車場。登山口は奥に進む

■**コースタイム**（日帰り装備）

登山口 0:50↓ 0:40↑ 尾根取付 3:00↓ 2:00↑ シュナイダーコース分岐
シュナイダーコース分岐 0:50↓ 0:30↑ 石狩岳
シュナイダーコース分岐 1:10↓ 0:40↑ 音更山

石狩岳まで　標高差　約1165メートル
登り　4時間40分
下り　3時間10分

音更山まで　標高差　約1130メートル
登り　5時間
下り　3時間20分

■**ガイド**（撮影　9月3日）

1961年、足寄山友会により開かれた道で、その名は野球用語のスライダーに由来するという。

登山口は音更川本流と二十一ノ

二十一ノ沢右股の渡渉。取材時は倒木を使ったが、適宜判断を

右股を離れていよいよ尾根へ

切り株更新の見本のような木

沢出合。台風による土石流で、殺風景ながらも明るくなった。駐車場を奥に進むと右にテープで示された登山道入り口がある。

　二十一ノ沢左岸の林間に刈り分けられた道を30分ほど歩いたのち、右股の流れを渡る。川幅は狭いがそこそこ水量があり、かつ荒れてもいるので慎重に。ここは最終水場でもある。

　道はほどなく尾根末端の東斜面をジグザグを切りながら登るよう

体力(標高差)	45点
登山時間加算	C
高山度(標高)	A
険　し　さ	B
迷いやすさ	C
総合点70点（中級）	

石狩岳まで

体力(標高差)	45点
登山時間加算	B
高山度(標高)	A
険　し　さ	B
迷いやすさ	C
総合点75点（上級）	

音更山まで

両手を使ってよじ登る所も

高度が上がりニペソツ山が見えた

コース上部から登山口方面を見下ろす

になる。標高差800メートル余りをわずか2キロで登る急登の始まりだ。尾根に乗ったらしばし針葉樹にダケカンバの交じった森をゆく。時折石狩岳が樹間に見える。

標高1400メートルを超えた辺りから次第に斜度が増し、やがて膝に手をつくような胸突き八丁となる。ハイマツ帯に入ると背後にニペソツ山が鋭角的な山頂をのぞかせ、さらにウペペサンケ山や糠平湖も見えてくる。つらいながらも気分が高揚してくることだろう。

「かくれんぼ岩」のあたりが最後の頑張りどころで、これを過ぎると徐々に斜度が緩んでくる。左右の国境稜線が同じ目線になってきたところで、突然、表大雪の山並みが現れ、シュナイダーコース分岐に出る。この先は前項の十石峠コース（72ページ）を参照されたい。

沼ノ原から望む石狩連峰

沼ノ原・石狩岳縦走

ネマガリダケを分け大雪山の原始境へ

■特記事項

2016年夏の台風被害により、沼ノ原登山口に通じる層雲峡本流林道は長らく通行止めが続いていたが、復旧工事が終了し、20年度は開通の見通しとなった。ただしこの間、一帯の登山道は未整備のため、相応のササ・ハイマツかぶりや損傷部分などがあることが予想される。ここに紹介するガイドは16年以前の情報を元にしたものである。

■**交通・マイカー情報**などは第2巻「沼ノ原」の項と本巻「ユニ石狩岳」「石狩岳シュナイダーコース」の記事を参照されたい。

■**コースタイム**(縦走装備)

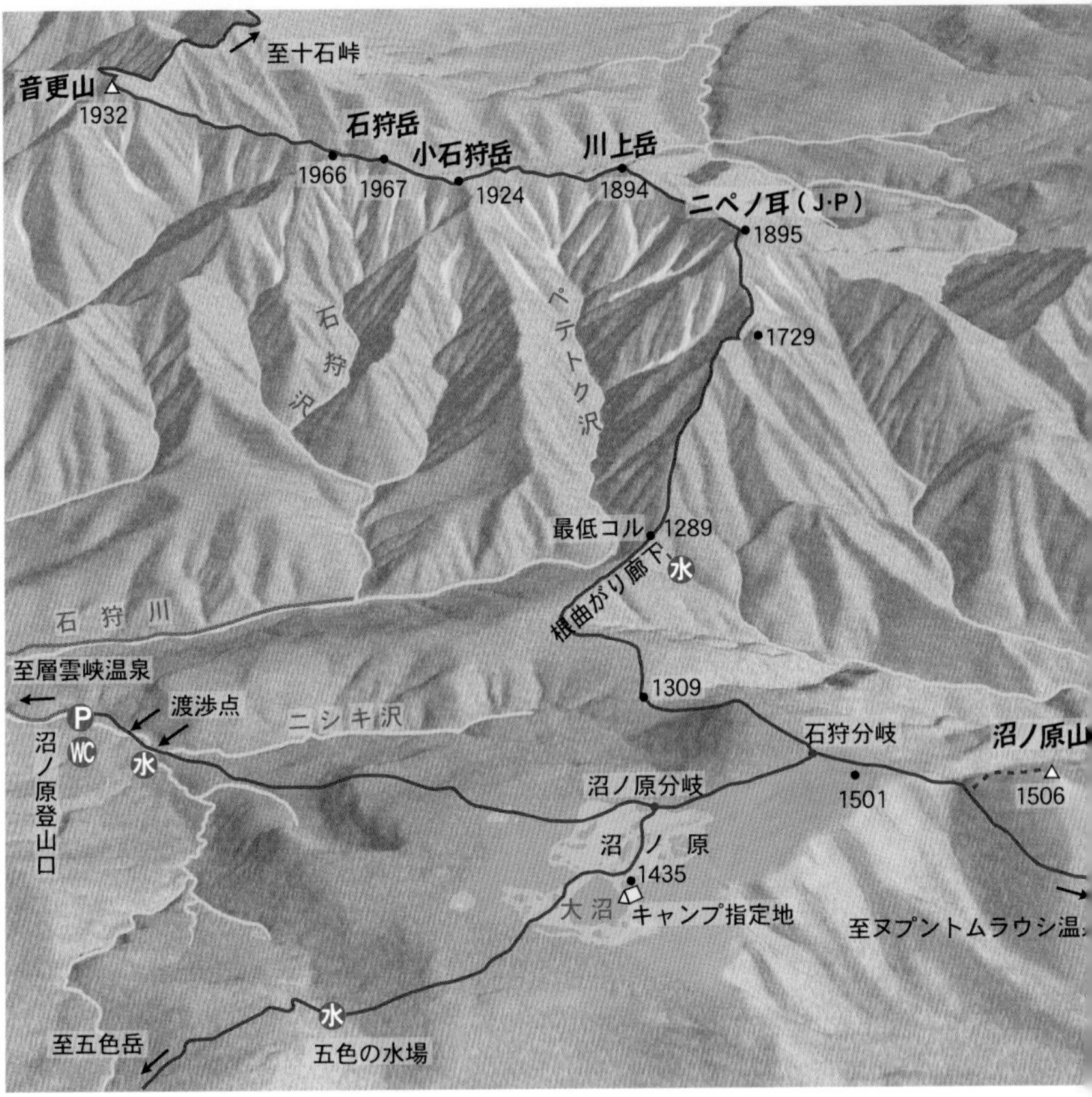

沼ノ原分岐 ─0・30↓ 0・20↑─ 石狩分岐 ─2・30↓ 2・40↑─ 最低コル ─2・30↓ 1・40↑─ ニペノ耳 ─1・40↓ 1・30↑─ 石狩岳

獲得標高差　約980メートル
往路　7時間10分
復路　6時間10分

■**ガイド**（撮影　7月28日、9月10日）

このコースは石狩連峰と表大雪、十勝連峰を結ぶ重要な縦走路である。だが、コース整備はあまりされることがなく、最近では16年の台風直前にササ刈りが行われたのが最後だ。再整備が行われない限り、相当のササかぶりを覚悟しなければ

体力（標高差）	45点
登山時間加算	B
高山度（標高）	A
険しさ	C
迷いやすさ	A
総合点80点（上級）	

沼ノ原台地からの道で表大雪が望まれる。2012 年の状態

1729 m ピーク手前の岩場

2012 年、刈り払い直後の道を
沼ノ原から石狩岳に向かう

最低コル。テントを張るスペースもある

1729 m ピーク手前から振り返る。左奥トムラウシ山、中央に沼ノ原、手前の樹林帯に縦走路がある

1729 m ピークへの登り。一番つらい部分が終わる

ならないだろう。コースタイムはササ刈り後のものであり、その点も考慮する必要がある。

行程は標高の高い石狩岳から沼ノ原に向かうのが楽であるが、最後に充実した展望を楽しむために、ここでは沼ノ原をスタート地点としたい。

沼ノ原分岐までは第2巻「沼ノ原」の記事を参照されたい。分岐から沼ノ原山に向かってササとハイマツとダケカンバの穏やかな斜面を登る。台地上に小さな湿原があり、ここがヌプントムラウシ温泉下り口の石狩分岐だ（同登山口への林道は崩壊により通行止め）。

沼ノ原山を背にハイマツの台地を進む。所々にある湿地をかわしながら沼ノ原の東端に出ると、目指す石狩連峰が望まれる。この

ニペノ耳への登り。良い眺めが続く

ニペノ耳から石狩岳方面を望む

1729 m ピークから稜線伝いに双耳峰のニペノ耳を目指す

先、しばらく広い展望は望めない。

樹林に覆われた急斜面をジグザグに下ると、背丈を超えるササに覆われた広い尾根となる。１３７０《メートル》コブは南側を巻き、さらに「根曲がり廊下」を進んだ先が１２８９《メートル》の最低コルだ。テント2張りほどのスペースがあり、南に急斜面の刈り分けを5、6分下ると水場がある。

コルからいよいよ標高差６００《メートル》ほど、ニペノ耳への登りにかかろう。相変わらず周囲はネマガリダケの斜面が続くが、タケというよりもササの概念となり、見通しは悪くない。

ササからかん木の尾根へと変わり、標高１５５０《メートル》を超えると岩尾根の部分も現れ、左手遠くに石狩岳頂上も見えてくる。そして１７００《メートル》ラインを超えると快適な

平らな川上岳と鋭いニペソツ山を背に小石狩岳に登る

稜線歩きとなる。

　二重山稜となった1729メートル周辺を過ぎ、南斜面のお花畑を抜けながら登り着いた地点がニペノ耳だ。ここはJ・P＝ジャンクション・ピークとも呼ばれ、ニペソツ山方面にも稜線が延びているが、縦走路はない。

　見晴らしのよい稜線歩きが続くが、ヒグマの痕跡もいたるところで目にする。平たんな川上岳（1894メートル）の西斜面を横切ると鋭くすっきりした稜線となる。アップダウンを繰り返し、1924メートルの小石狩《ぽんいしかり》岳まで来ると石狩岳は指呼の間となっている。

　東面の崖状の落ち込みに目を奪われながら、さらに大きな起伏を越えると待望の石狩岳である。

　なおこの縦走路で時折キャンプ跡地が見られるが、水が得られるのは最低コルのみである。

小石狩岳付近はすっきりした稜線だ

石狩岳頂上(左)と音更山(右)

1586m

クマネシリ岳《だけ》

西クマネシリ岳から

足寄町にあるので、行政区分からすると第６巻で紹介すべき山であるが、西クマネシリ岳などと同じ山塊を成しているので、東大雪山系として扱った。

クマネシリの語源は「物を乾かす棚のような山」で、長い台地のような東尾根がそのように見えたのであろうか。

頂上の周囲は岩壁や急斜面となって切れ落ち、高さの割には眺めがよい。美里別《びりべつ》川上流から踏み跡程度の登山コースがある。

美里別川コース

厳しい急登から岩壁を巡らす頂稜へ

■交通

利用できる公共交通機関はない。

■マイカー情報

足寄町芽登《めとう》と置戸町常元を結ぶ道道88号を走り、芽登から30キロ、常元から18キロの地点（紅映橋の少し北。標柱あり）から美里別本流林道に入る。約10キロ走った地点の丁字路を左折し（標柱あり）、さらに0・7キロ

体力（標高差）	40点
登山時間加算	D
高山度（標高）	B
険しさ	C
迷いやすさ	B
総合点55点（中級）	

道道 88 号からの林道入り口。ゲートは通常開放

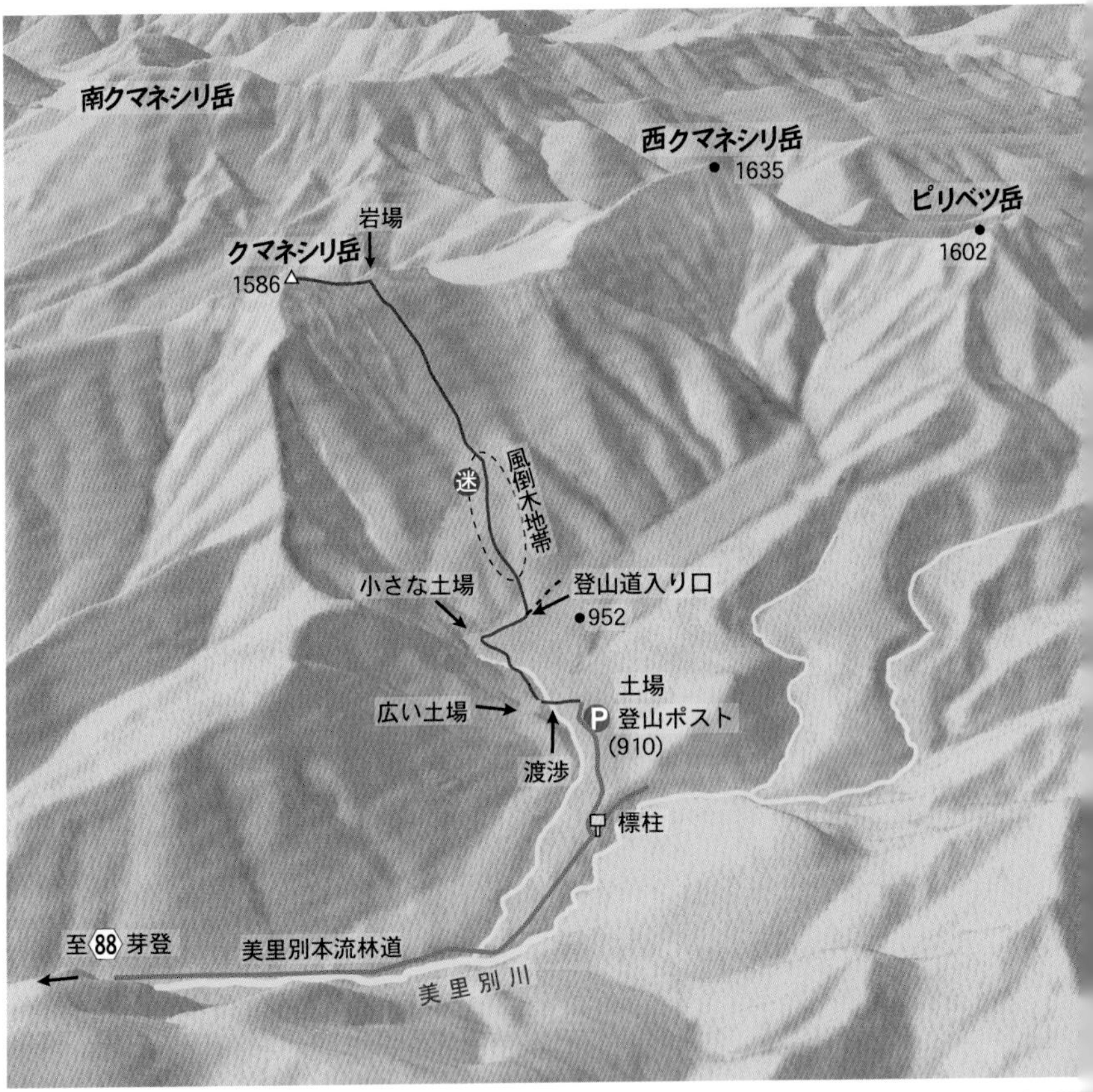
南クマネシリ岳
西クマネシリ岳
1635
ピリベツ岳
1602
岩場
クマネシリ岳
1586
迷
風倒木地帯
小さな土場
登山道入り口
952
土場
登山ポスト
(910)
広い土場
渡渉
標柱
至 88 芽登
美里別本流林道
美里別川

クマネシリ岳
クマネシリ川
273
ヌカナン川
美里別本流林道
10.7 k
清水谷
芽登温泉
美里別川
88
標柱
紅映橋
15.7 k
至置戸町常元
西喜登牛
274
241
喜登牛
13.9 k
芽登
N

洗掘された林道を渡る。水量は少ない

登山口の土場。登山ポスト手前を左へ

クマネシリ岳の頂稜を眺めながら林道を奥に進む

で登山ポストのある土場に着く。7、8台駐車可。トイレ、水場なし。

林道は通常開放されているが、時に閉められることがあるので事前に十勝東部森林管理署（☎０１５６−25−３１６１）に確認のこと。また、林道は進むにつれてわだちや岩が目立ち、車高の低い車は腹を擦るかもしれない。

■**コースタイム**（日帰り装備）

土場（登山ポスト）—1:40↓ 1:20↑— 岩場下 —0:15↓ 0:15↑— クマネシリ岳

標高差　約６７５メートル
登り　１時間55分
下り　１時間35分

■**ガイド**（撮影　10月6日他）

土場の入り口、登山ポストの手前を左に折れ林道に入る。土場の奥にもササがかぶった作業道跡が

落葉後は背後に北見富士などが見えるが、夏は展望が利かない

林道から山道へ。目印を見落とさぬよう

全身を使って倒木地帯を登ってゆく

見えるが、これには入らないように。すぐに大雨の被害と思われる沢状の路面洗掘が現れ、これを越えてさらに林道を奥に進む。途中、目指すクマネシリ山の全貌が望まれるが、なかなか急しゅんだ。

10分ほどで左に小さな土場を見、道が右にカーブした先で、左の山道に入る（2019年の取材時には道標なし）。作業道の跡らしく幅は広めだが、ササの侵入も進んでいる。先々の目印のテープを目で追いながら、進むべきルートを見失わないようにしよう。

やがてアカエゾマツを主体とした天然林地帯に入るが、同時に倒木も目立つようになってくる。いったん平たんになる標高1150メートル付近は、道を見失わないよう注意したい。その後再び急登となり、倒木をまたいだりくぐったり

岩場の基部を巻いて頂稜へ。背後には石狩連峰が

ハイマツに覆われた細い稜線を頂上へ

が続く。林床を埋めるイソツツジ、ゴゼンタチバナ、コヨウラクツツジなどがせめてもの慰みだ。

1300メートルを超えるとダケカンバ帯の直登に移る。登るほどに斜度が増し、おまけにコースは粗削り。「登りもつらいが下りも滑る」といった感じだ。草付き、あるいはスレート状の急斜面を慎重に過ごすと、頂稜下の岩場に突き当たる。その基部に沿いながら左に進むと頂稜の鞍部《あんぶ》に出て、視界が一気に広がる。あとはハイマツと岩がミックスした高度感のある頂稜を東に向かえば頂上である。

頂上はハイマツなどに囲まれ、展望はいまひとつだが、すぐ手前の稜線上ですっきりと見渡すことができる。目の前には西クマネシリ岳とピリベツ岳、南には大きな谷を挟んで南クマネシリ岳が存在

頂稜の西端まで足を延ばすとすっきりとした展望が広がる

感を示す。さらに石狩連峰の先には表大雪からニセイカウシュッペ山、武利岳《むりい》、武華山《むか》が連なるが、こちらはやや距離を感じるところ。

下りは上部の急斜面が滑りやすく、また樹林帯ではルートを見失いやすい所もあるので慎重に。

かん木に囲まれた二等三角点のある頂上

南《みなみ》クマネシリ岳《だけ》

1560m

西クマネシリ岳から

クマネシリ山塊の南端にあるのでこの名がついたのだろう。他の3山に比べてやや地味な山容なので存在感が薄いといえそうだが、山頂部はちょっとした岩ポコとなっており、眺めはいい。

伐採によって失われたうっそうとした針葉樹林は、その後、徐々に再生の兆しを見せていたが、近年の台風や大雨で再び荒廃。山肌には無残な風倒木が目立つ。

コースの主要部分は作業道跡を利用したもので、クマネシリ岳と同様に足寄町側から入る。

芽登温泉コース

行程は短めだが何かと手強《ごわ》いルート

■ **交通**

利用できる公共交通機関はない。

■ **マイカー情報**

足寄町芽登と置戸町常元を結ぶ道道88号から、芽登温泉の標識を目印に糠南《ぬかなん》林道に入る。途中、芽登温泉への道を分け、ヌカナン川に沿った林道を約14・6キロで鹿紅橋。登山

体力(標高差)	40点
登山時間加算	D
高山度(標高)	B
険しさ	C
迷いやすさ	B
総合点55点（中級）	

鹿紅橋を渡った地点の分岐。登山口へは直進

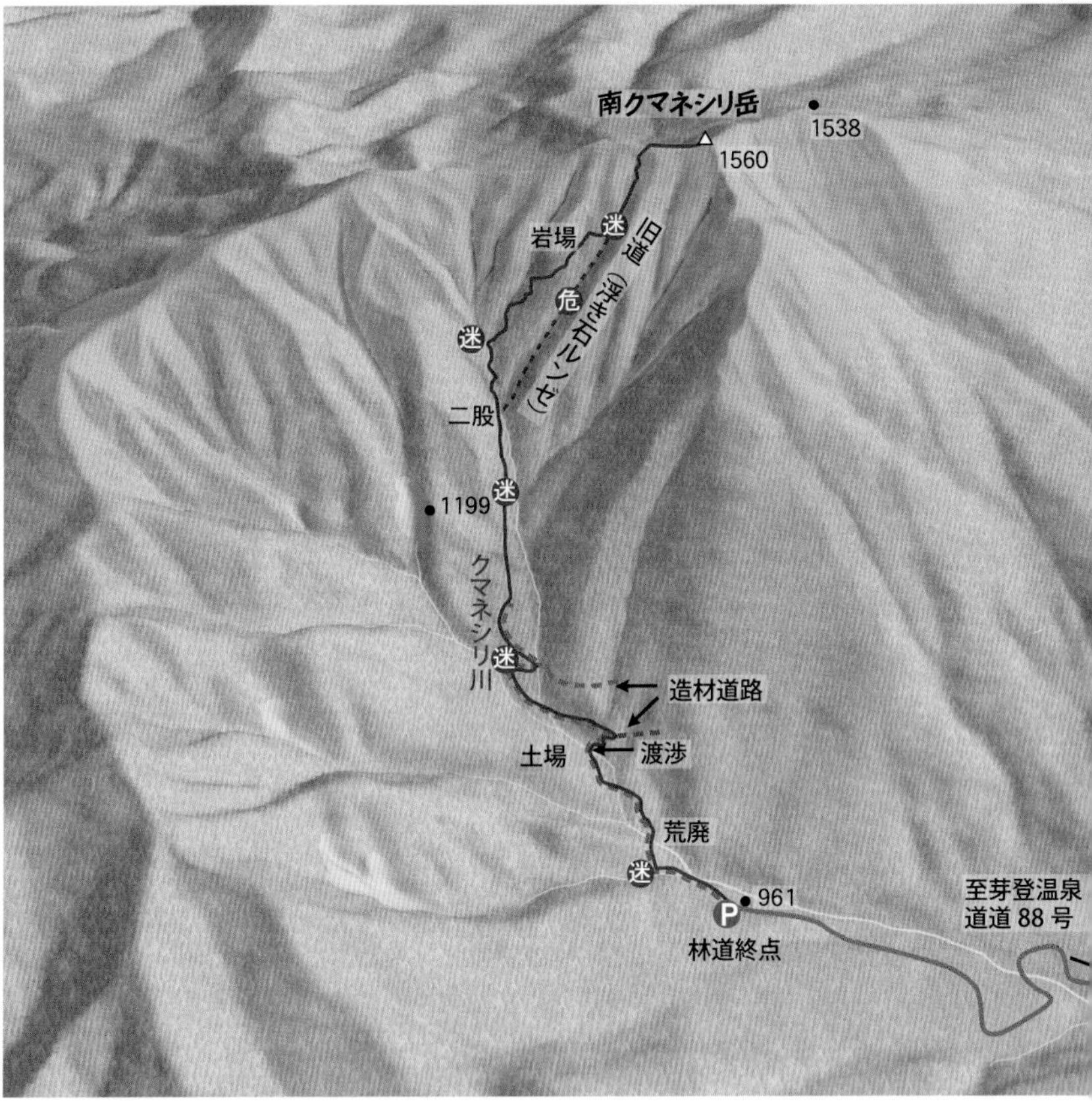

林道終点の登山口から奥へ続く作業道跡へ

口への標識が立つ分岐を直進し、さらに5[キロ]ほどで終点の登山口に着く。3、4台分の駐車スペースと登山ポストがある。鹿紅橋から先は荒れ気味となるので普通乗用車は慎重な運転を要する。林道状況は十勝東部森林管理署（92[ページ]参照）まで問い合わせを。

■ **芽登温泉ホテル**

登山口への糠南林道途上にある

土場を横切り南尾根の麓へ

台風の影響で荒れた作業道跡

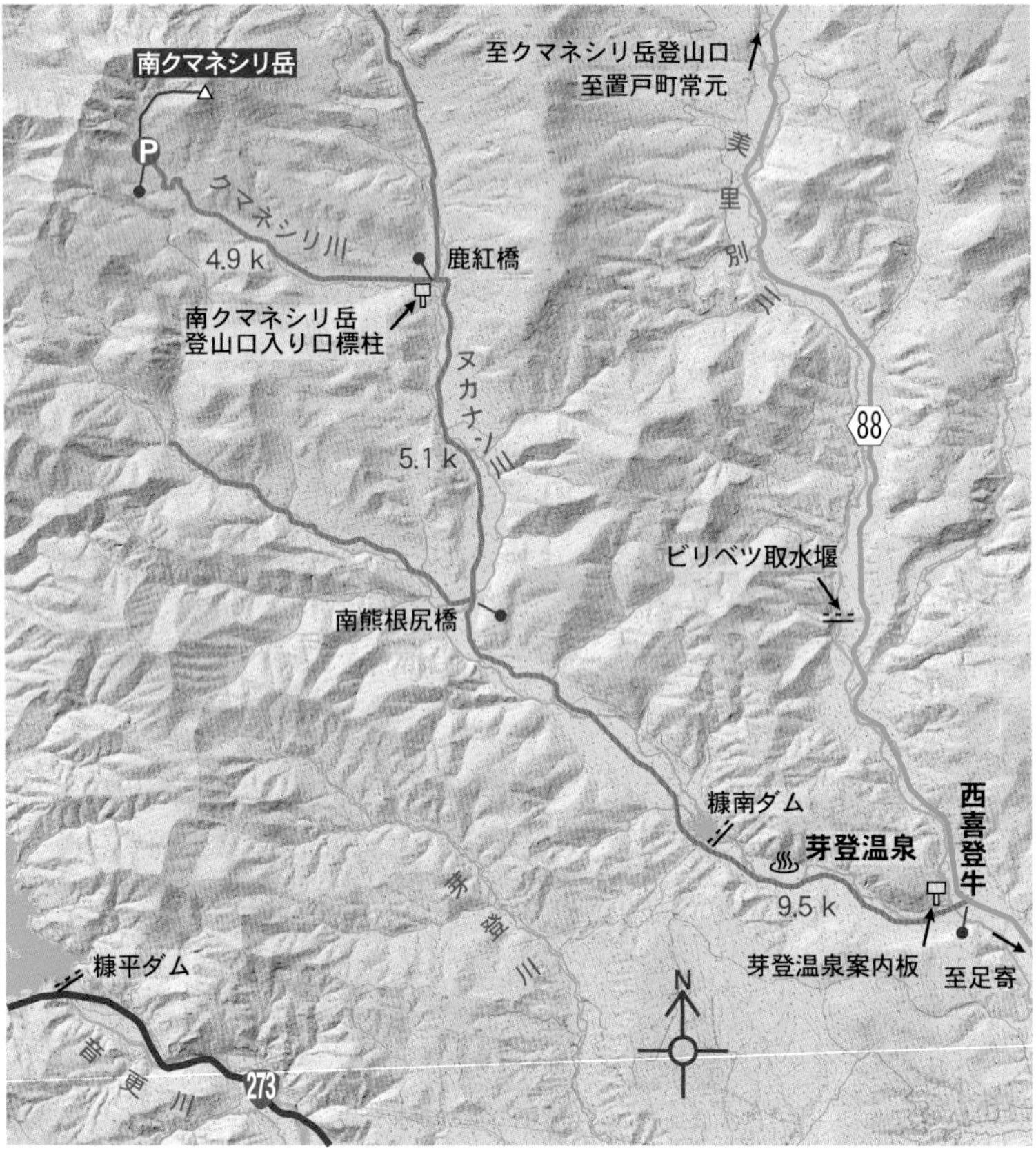

1250ｍ二股を左に入る

徐々に斜度が増す作業道跡を登る。倒木やササも目立つ

岩場の基部を巻くようにトラバース

一軒宿。日帰り入浴も可能。☎0156‐26‐2119

■コースタイム（日帰り装備）

林道終点 1:00↓ 0:40↑ 二股 1:00↓ 0:40↑ 稜線上 0:10↓ 0:10↑ 南クマネシリ岳

標高差　約610メートル
登り　2時間10分
下り　1時間30分

■ガイド（撮影　10月6日）

この山は植林地に作業道が入り乱れ、後半はあまりの急傾斜ゆえに登山道がなじみにくい。加えて近年の大雨災害でコース序盤が荒れており、全般的に不明瞭な箇所が多い。2019年の取材時は目印のテープが随所にあったが、これがなければ相応のルートファインディング力が要求されよう。

駐車場から右手に見上げる山は、南クマネシリ岳の南尾根の頭で、

山頂から稜線を見る。背後は石狩連峰

稜線上はハイマツが茂り気味

もろい岩場の頂上は右から回り込む

頂上はその後ろに隠れている。登山ルートはその南尾根を左から巻くように稜線に突き上げている。

　はじめは沢沿いの作業道跡をゆく。土石流の跡が見られ、倒木も多い。尾根をひとつ右に回り込んで開けた土場跡を横切り、小さな沢を渡って南尾根の基部に立つ。ここからは明瞭な作業道跡となり、2度3度つづら折りを繰り返しながら谷の奥へと入ってゆく。紛らわしい枝道もあるが、踏み跡やテープを見逃さないようにしよう。

　標高１１００㍍を超えたあたりからは沢の左側斜面（右岸）を直登するようになる。取材時は標高１２００㍍手前で目印が二手に分かれていたが、ここは左にルートを取る（右は旧道へ通じる）。さらにひと登りした標高１２５０㍍付近の明るく顕著な二股も左へ。右

ウペペサンケ山（左）とニペソツ山（右、雲がかかっている）の展望

360度の展望を楽しもう

「物を乾かす棚のような山」（90ページ）を実感

はガレた沢をゆく旧道で危険だ。

草付きの急登をあえぐことしばし、再び二股状となった所を今度は右へ入る。雪崩の影響か目立つのはか細いダケカンバばかりだ。

岩場に突き当たったら基部を右に回り込み、さらに斜面をトラバース。下から登ってきた旧道と合流して直角に上に折れ、立ち止まるのもままならないほどの急斜面を一歩一歩滑らないように登ってゆく。最後はロープを伝ってはい上がれば、頂上に通じる稜線に出る。ハイマツに覆われた道を進み、スレート状の岩場を右から回り込めば頂上だ。

展望は文句なしである。ウペペサンケ山からニペソツ山、石狩連峰へと続くパノラマはもちろん、印象的なのはクマネシリ岳から南東に延びる平たんな尾根だろう。

1635m

西《にし》クマネシリ岳《だけ》

1602m

ピリベツ岳《だけ》

国道273号幌加付近から。左はピリベツ岳

クマネシリ山塊の中にあって、西クマネシリ岳とピリベツ岳は双耳峰を成し、十勝三股方面から見るとその様子が乳房に似ているので、オッパイ山と呼ばれている。

クマネシリとはアイヌ語で「物干し棚のような山」の意味。東隣にあるクマネシリ岳の東尾根が、台地状に8キロも延びていることによるものだろう。

ピリベツ岳を水源とする美利別川は、アイヌ語で「美しい川」または「渦の川」を意味するという。

音更川右股三ノ沢コース

登山道に直接的な被害はないものの…

■特記事項

2016年夏の台風災害などにより、アプローチのシンノスケ三ノ沢林道が国道273号の入り口ゲートから通行止めとなっている。被害の状況は深刻で、18年秋の取材時には、登山道取り付き点となる上二股土場までの約5・6キロのうち、断続的に約半分の区間が流失していた。完全に沢と化している部分も多い。

一方、土場から先の登山道には大きな被害は見受けられなかった。ただし、このまま未整備が続

これがかつての林道だ。旧登山口付近にて

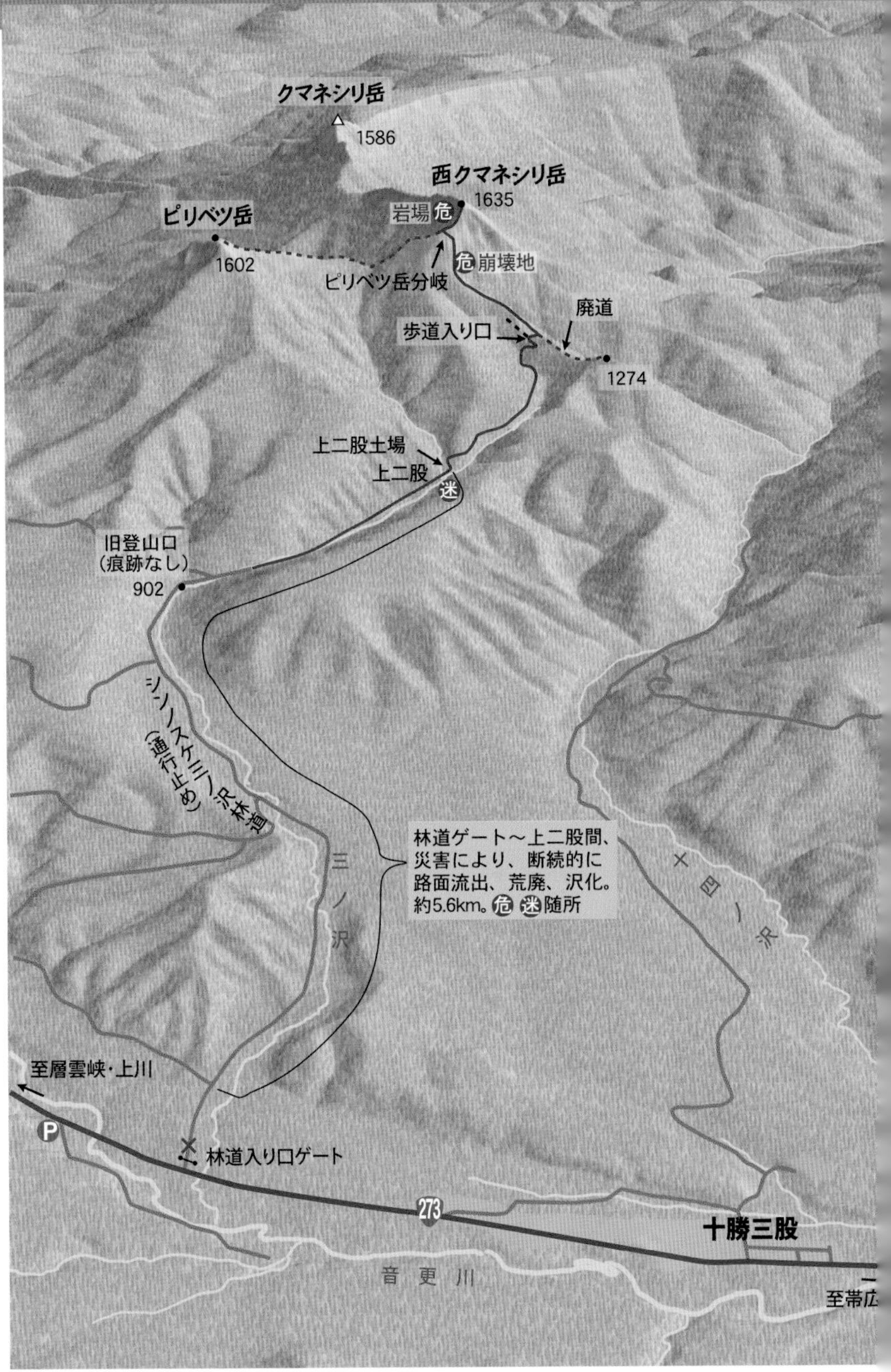
クマネシリ岳
1586
西クマネシリ岳
1635
岩場 危
ピリベツ岳
1602
危 崩壊地
ピリベツ岳分岐
廃道
歩道入り口
1274
上二股土場
上二股
迷
旧登山口
（痕跡なし）
902
シンノスケ三ノ沢林道
（通行止め）
三ノ沢
林道ゲート～上二股間、
災害により、断続的に
路面流出、荒廃、沢化。
約5.6km。危 迷 随所
四ノ沢
至層雲峡・上川
P
林道入り口ゲート
273
十勝三股
音更川
至帯広

上二股土場の奥で右股側に入ってゆく

「作業道跡」を上二股土場へ

尾根上の登山道から西クマネシリ岳が見える

上二股からは道は明瞭だ

き、入山者が減少すれば、年々荒廃していくことも予想される。

　林道を歩いて入山する場合、林道ゲートから旧登山口まで、往復ともに約1時間30分。林道の左右はササが深いため、沢化した中を沢靴や長靴で歩くほうが有利だろう。旧登山口からの登山グレードは左記の通り。林道ゲートからは体力、所要時間要素が加算され、70点（中級）となる。

■交通・宿泊・キャンプ場

　基本的に「ウペペサンケ山ぬかびら源泉郷コース」（49ページ参照）に同じ。都市間バスノースライナー三国峠経由を利用

●旧登山口から

体力（標高差）	40点
登山時間加算	D
高山度（標高）	A
険しさ	C
迷いやすさ	B
総合点60点（中級）	

ピリベツ岳を背に、最後の急斜面を登る

ダケカンバ林に入ると稜線は近い

わずかな距離だが嫌らしい岩場

の場合は十勝三股バス停下車。林道ゲートまで約1・7キロ。

■マイカー情報

林道ゲートから国道273号を北に0・5キロ行った所に広い駐車帯がある。ゲート前の駐車は関係車両が入る可能性を考え、避けるようにしたい。

■コースタイム（日帰り装備）

旧登山口（0・30↓ 0・20↑）上二股土場（0・40↓ 0・20↑）歩道入り口（0・40↓ 0・30↑）ピリベツ岳分岐（0・20↓ 0・10↑）西クマネシリ岳

ピリベツ岳分岐（↓0・40 ↑0・20）コル（0・40↓ 0・20↑）ピリベツ岳

西クマネシリ岳　標高差　約720メートル
登り　2時間10分
下り　1時間20分

ピリベツ岳　獲得標高約820メートル
登り　2時間50分
下り　2時間10分

西クマネシリ岳から西に広がる大展望

■ガイド（撮影　9月3日、10月12日他）

西クマネシリ岳

地形図の９０２メートル標高点の先がかつての登山口であり駐車場だった。今は沢状に大きくえぐれ面影はない。ここから三ノ沢沿いの林道跡をゆくが、進むほどに荒れ、やがて消えてしまう。歩きやすい所を選びながら上流に向かう。

倒壊しそうな作業小屋の先で沢は二股に分かれ、その間をゆくと突然、明瞭な作業道と土場が現れる。便宜上、上二股土場と呼ぶ地点だ。作業道は土場の奥で右股側に回り込み、そのまま右岸斜面に沿って高度を上げてゆく。

傾斜がきつくなった所で涸《か》れ沢を横切って対斜面に移り、再び折り返した先で、作業道から右の歩道に入る。標高１２５０メートル付近で目印のテープもあるが、目立たな

いので通り過ぎないよう注意を。
道はすぐに尾根上に出て、針広混交の森を直登とジグザグを繰り返しながらグイグイと高度を上げてゆく。１４５０メートル付近は十四ノ沢源頭に向かって崩壊しているので、慎重に通過しよう。その先でダケカンバの美しい林が広がり、

険しい岩場と対照的に奥行きのある頂上

分岐から稜線上を北上してピリベツ岳へ向かう

これを抜ければピリベツ岳分岐となる稜線に出る。

最後は眼前の岩場を登るだけだが、高度感がある上に浮いた砂利も多く気が抜けない。とりわけ古いロープのかかった岩場は足元が切れ落ち、一歩二歩のことだが最大限の注意を要する。登り切った所は前衛峰で、広い十勝三股の盆地を囲むように東大雪の山並みが壮大なスケールで展開する。

三角点のある頂上はそこからすぐ。クマネシリ岳が稜線伝いにすぐ近く見えるが、縦走路はない。

コル付近から西クマネシリ岳を振り返る

ササをこぐようにピリベツ岳頂上へ

ピリベツ岳

隣のピリベツ岳へは、以前はそこそこ明瞭な踏み跡があったが、近年は次第にササの勢力が増して

ピリベツ岳頂上から南方を望む

ピリベツ岳への登りの途中からクマネシリ岳が迫力ある姿を見せる

おり、登山コースとして紹介するには少々難がある状態である。

　西クマネシリ岳の岩場下、登山道が土場へと下るピリベツ岳分岐から、稜線に沿った踏み跡が北に延びている。これを１４１５メートルのコルに向かって下ってゆく。

　コルからはおおむね稜線上を登るが、ササに覆われて判然としない部分が増えている。背後の西クマネシリ岳が遠ざかる一方、迫力ある姿を見せるクマネシリ岳が印象的だ。頂上は稜線から西に外れた場所にあり、西クマネシリ岳ほどの高度感はないものの、展望は悪くない。

　下山は往路を戻るのが原則である。コルから沢伝いに直接、上二股土場に下りる人もいるようだが、踏み跡はなく、慣れない人はやめておくべきだ。

1541m

三国山《みくにやま》

西クマネシリ岳から

大雪ダムと上士幌を結ぶ国道273号の三国トンネル東方に位置する山。山名の由来は三つの国、すなわち石狩、十勝、北見の境にあることによるが、三角点は東にずれた地点にあるので、実際は二国山であろう。ハイマツに囲まれた山頂には二等三角点があり、展望はそこそこに良い。

登山の対象としてはあまり知られなかったが、近年ツアー登山が行われるほど入山者も増え、登路も比較的はっきりしてきた。

三国トンネルコース

小さな沢から国を分けるピークへ

■交通

強いて利用できる手段を挙げるなら、層雲峡からのタクシー（層雲峡観光ハイヤー☎01658-5-3221）だろう。

■マイカー情報

国道273号三国トンネル上川側入り口近くに広い駐車場がある。トイレは十勝側入り口の駐車場にある。

体力（標高差）	35点
登山時間加算	D
高山度（標高）	B
険しさ	B
迷いやすさ	B
総合点55点（中級）	

■コースタイム（日帰り装備）

駐車場 1:40↓ 1:20↑ 北海道大分水点 0:20↓ 0:20↑ 三国山

標高差　約410メートル
登り　2時間
下り　1時間40分

■ガイド（撮影　7月27日）

紹介するコースは登山道として開削整備されたものではなく、全般に踏み跡をトレースするもので

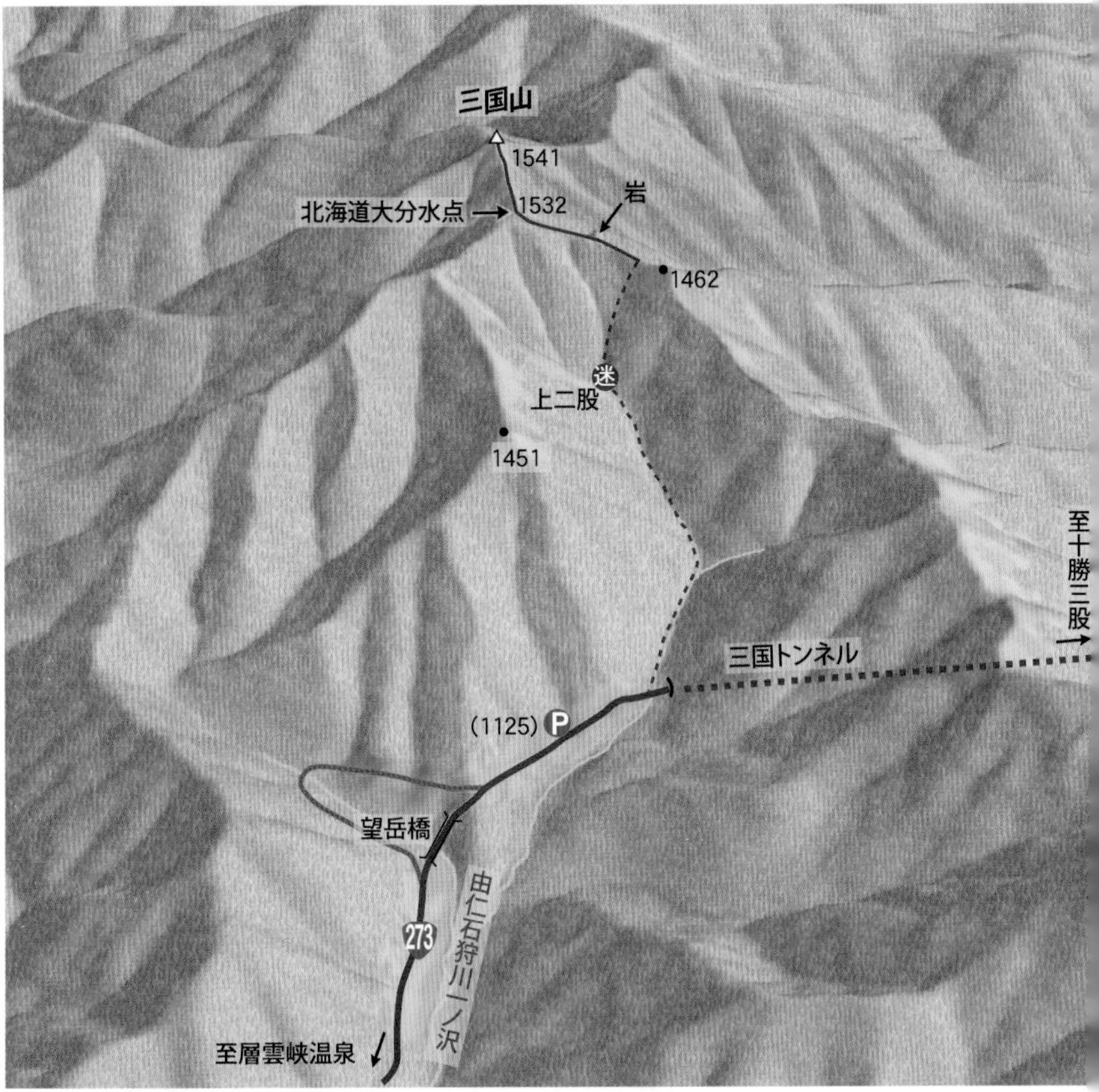

ある。通行の障害になるような稜線上のハイマツの枝がカットされている部分はあるが…。

スタート地点は三国トンネル上川側入り口手前の駐車場である。入り口まで歩き、左手の沢沿いに踏み跡を見つけ、後はそれをたど

三国トンネル上川口横から左手の沢へ向かう

沢沿いの踏み跡をゆく。背後にトンネル西側にある岩塔が見える

大分水点で咲いていたハクサンシャクナゲ

上二股から右の沢へ入る。水流はチョロチョロ

源頭はエゾイラクサの密生地帯

大分水点の標柱は御影石製に代わった

稜線手前。近年、ササが深くなっている

大分水点にて。左端に三国山が見え、右奥はクマネシリ山塊

る。

踏み跡を右岸左岸と渡り歩くが、水量が少ない沢なので通常は靴を濡らすことはない。

標高1300メートルを超えた地点の上二股は右の沢に入る。傾斜がぐんと増して高度がどんどん上がり、水流はほとんど無くなる。エゾイラクサが繁茂して行く手をふさぐので、軍手を用意したい。

沢地形がダケカンバ林下の斜面に吸収されると、稜線下へと導かれる。稜線上の大きな岩ではミヤマダイモンジソウ、ホソバノイワベンケイ、チシマギキョウなどが見られるだろう。

周囲がハイマツに変わると、三つの国境稜線が交わる。三つの源流を分けるピークでもあり、最近地形図に「北海道大分水点」として掲載されるようになった。

ササをこいで三国山へ。遠くにとがるのはニペソツ山

三国山頂上からの表大雪方面

大分水点から三国山までは、ハイマツ、ササ、かん木、時にダケカンバの稜線を下って登るだけだ。

山頂には展望の他にささやかな標識がある。

北大雪

武利岳から望む武華山

和名が層雲峡にちなむソウウンナズナ。分布の中心は北大雪地域と思われる

北大雪のあらまし

■山域の概要

北大雪は石狩川の中流域、層雲峡の右岸にあるニセイカウシュッペ山、平《ひら》山、武利《むりい》岳、武華《むか》山などが含まれる山塊を指す。ちょうど層雲峡を挟んで表大雪と対峙しているので、その展望台として格好の位置にあるといえよう。

ニセイカウシュッペ山をはじめとしていずれも表大雪の山よりずっと古い火山で、平山のように表大雪的な山容を持つ山もあれば武利岳のように鋭い稜線の山もある。高さはおおむね1800メートルを上下しており、最高峰は1883メートルのニセイカウシュッペ山である。

積雪は表大雪に比べて少ない。雪渓の規模が小さく、消えるのも早いため、夏場は稜線付近で水を得るのが難しい。加えて地形的な要素もあってコース上に良好なキャンプ地や山小屋がなく、長い縦走には不向きな山域かもしれない。

しかし、白滝天狗岳から平山、正規の登山道ではないがニセイカウシュッペ山から平山、あるいは武華山から武利岳への往復など、1日で踏破できる縦走コースがいくつかあるのは魅力だ。

比較的静かな山が多い半面、懸念されるのは台風による林道崩壊や登山者の減少などによる登山道の荒廃、廃道化である。

■北大雪の動植物

この地域の特色は山麓部に広がる亜寒帯らしい針葉樹林だろう。

表大雪の展望と花が魅力の平山

黒々とした森はいかにも北国らしい魅力にあふれた景観であったが、造材のためにもはや樹海とは呼べない状態となってしまった。

　この針葉樹林帯にはマイヅルソウ、ゴゼンタチバナ、イチヤクソウ類、ヒメミヤマウズラなど普遍的な植物をはじめヒメマイヅルソウ、マルバチャルメルソウ、ウスバスミレが生育しているが、後段の3種は伐採地では姿を消すようである。他地域の分布状況からしてトラキチランやクロミノハリスグリ、イチゲイチヤクソウなどの希少種も生育していたと思われるが、詳しい調査の前に伐採が進んでしまった。

　針葉樹林の上部標高1250メートルから1500メートルにかけてはダケカンバ林でその上にハイマツ帯が広がっている。お花畑はハイマツ帯の間に見られるが、表大雪に比べると規模は小さい。

　高山植物の種類数が最も多いのは平山で、館脇・鮫島（1959）の報告によれば101種である。表大雪小泉岳の102種に次いで中央高地中第2位の座にある。しかし、監視体制が整っていないため盗掘の被害が非常に多いという。なお残念ながらこの地域特産の高山植物はない。

　動物についての調査も希薄であるが、ヒグマ、エゾシカ、キタキツネのほかエゾナキウサギの生息が確認されている。

　昆虫類ではカラフトルリシジミ、クモマベニヒカゲなどの高山性チョウ類をはじめ、ダイセツオサムシ、ダイセツヌレチゴミムシなどの甲虫類。またダイセツドクガをはじめとした高山性のガの記録も多い。

北大雪

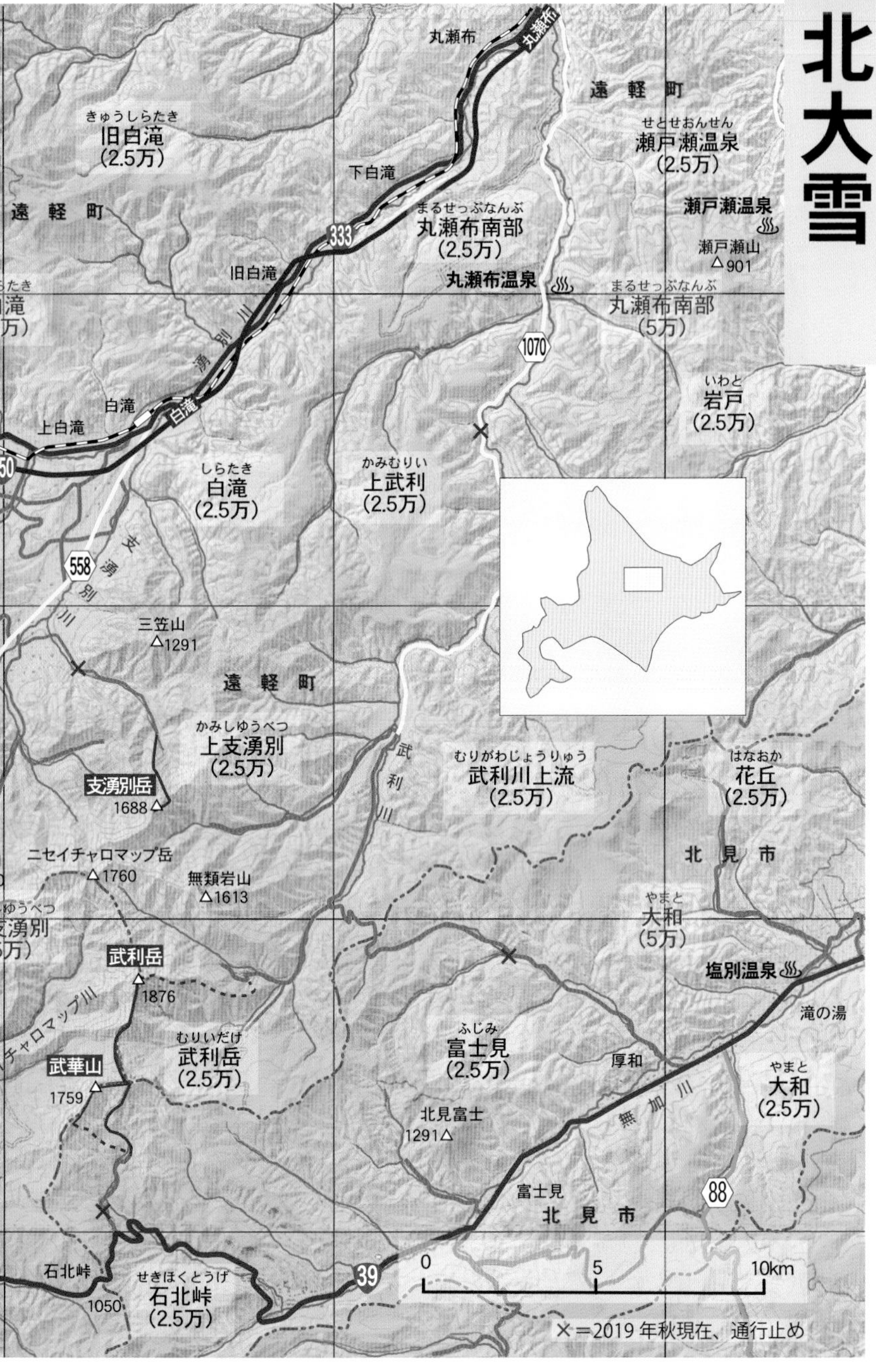

丸瀬布
遠軽町
瀬戸瀬温泉《せとせおんせん》
(2.5万)
旧白滝《きゅうしらたき》
(2.5万)
下白滝
遠軽町
丸瀬布南部《まるせっぷなんぶ》
(2.5万)
瀬戸瀬温泉
333
瀬戸瀬山
901
旧白滝
丸瀬布温泉
丸瀬布南部《まるせっぷなんぶ》
(5万)
湧別川
1070
岩戸《いわと》
(2.5万)
白滝
上白滝
白滝
450
白滝《しらたき》
(2.5万)
上武利《かみむりい》
(2.5万)
558
支湧別川
三笠山
1291
遠軽町
上支湧別《かみしゅうべつ》
(2.5万)
武利川
武利川上流《むりがわじょうりゅう》
(2.5万)
花丘《はなおか》
(2.5万)
支湧別岳
1688
ニセイチャロマップ岳
1760
無類岩山
1613
北見市
大和《やまと》
(5万)
武利岳
1876
塩別温泉
滝の湯
ニセイチャロマップ川
武利岳《むりいだけ》
(2.5万)
富士見《ふじみ》
(2.5万)
厚和
武華山
1759
北見富士
1291
無加川
大和《やまと》
(2.5万)
富士見
88
北見市
石北峠
39
石北峠《せきほくとうげ》
(2.5万)
1050
0
5
10km
×＝2019年秋現在、通行止め

郵 便 は が き

料金受取人払郵便

札幌中央局
承 認

2454

差出有効期間
2021年12月
31日まで
（切手不要）

0 6 0 - 8 7 5 1

8 0 1

（受取人）
札幌市中央区大通西3丁目6
北海道新聞社 出版センター
愛読者係
行

お名前	フリガナ		性別	
			男・女	
ご住所	〒 □□□-□□□□ 都道府県			
電話番号	市外局番（ ） —	年齢	職業	
Eメールアドレス				
読書傾向	①山 ②歴史・文化 ③社会・教養 ④政治・経済 ⑤科学 ⑥芸術 ⑦建築 ⑧紀行 ⑨スポーツ ⑩料理 ⑪健康 ⑫アウトドア ⑬その他（ ）			

★ご記入いただいた個人情報は、愛読者管理にのみ利用いたします。

愛読者カード

最新第3版 夏山ガイド③巻

本書をお買い上げくださいましてありがとうございました。内容、デザインなどについてのご感想、ご意見をホームページ「北海道新聞社の本」https://shopping.hokkaido-np.co.jp/book/の本書のレビュー欄にお書き込みください。

このカードをご利用の場合は、下の欄にご記入のうえ、お送りください。今後の編集資料として活用させていただきます。

〈本書ならびに当社刊行物へのご意見やご希望など〉

■ご感想などを新聞やホームページなどに匿名で掲載させていただいてもよろしいですか。（はい　いいえ）

■この本のおすすめレベルに丸をつけてください。

高（ 5 ・ 4 ・ 3 ・ 2 ・ 1 ）低

〈お買い上げの書店名〉

都道府県　　　市区町村　　　書店

■ご注文について

北海道新聞社の本はお近くの書店、道新販売所でお求めください。
道外の方で書店にない場合は最寄りの書店でご注文いただくか、お急ぎの場合は代金引換サービスでお送りいたします【1回につき代引き手数料300円。商品代金2,500円未満の場合は、さらに送料500円が加算されます】。お名前、ご住所、電話番号、書名、注文冊数を出版センター(営業)までお知らせください。

【北海道新聞社出版センター(営業)】電話011－210－5744　FAX011－232－1630
電子メール pubeigyo@hokkaido-np.co.jp
インターネットホームページ https://shopping.hokkaido-np.co.jp/book/

目録をご希望の方はお電話・電子メールでご連絡ください。

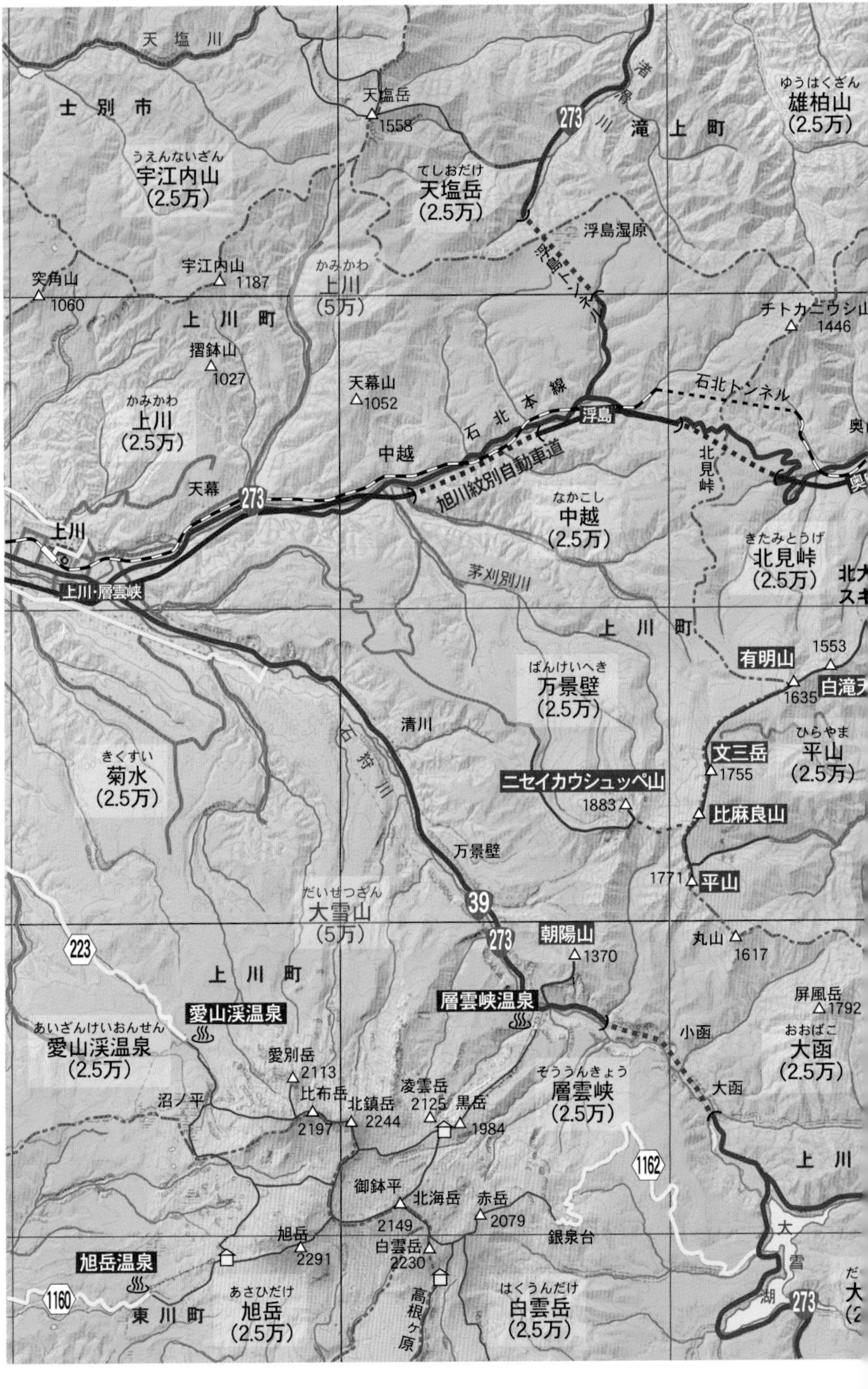

天塩川
士別市
天塩岳
1558
273
渚滑川
滝上町
雄柏山《ゆうはくざん》
(2.5万)
宇江内山《うえんないざん》
(2.5万)
天塩岳《てしおだけ》
(2.5万)
浮島湿原
浮島トンネル
突角山
1060
宇江内山
1187
上川《かみかわ》
(5万)
上川町
チトカニウシ山
1446
摺鉢山
1027
天幕山
1052
石北本線
石北トンネル
浮島
上川《かみかわ》
(2.5万)
中越
旭川紋別自動車道
北見峠
天幕
273
中越《なかこし》
(2.5万)
上川
北見峠《きたみとうげ》
(2.5万)
上川・層雲峡
茅刈別川
上川町
1553
有明山
1635
ばんけいへき
万景壁
(2.5万)
清川
石狩川
菊水《きくすい》
(2.5万)
文三岳
1755
平山《ひらやま》
(2.5万)
ニセイカウシュッペ山
1883
比麻良山
万景壁
1771
平山
大雪山《だいせつざん》
(5万)
39
273
朝陽山
1370
223
丸山
1617
上川町
層雲峡温泉
屏風岳
1792
愛山渓温泉
愛山渓温泉《あいざんけいおんせん》
(2.5万)
小函
大函《おおばこ》
(2.5万)
愛別岳
2113
沼ノ平
比布岳
2197
北鎮岳
2244
凌雲岳
2125
黒岳
1984
層雲峡《そううんきょう》
(2.5万)
大函
1162
上川
御鉢平
北海岳
2149
赤岳
2079
銀泉台
旭岳
2291
白雲岳
2230
大雪湖
旭岳温泉
1160
東川町
旭岳《あさひだけ》
(2.5万)
高根ヶ原
白雲岳《はくうんだけ》
(2.5万)
273

1370m

朝陽《ちょうよう》山《さん》

黒岳から

ニセイカウシュッペ山から南に延びる長い尾根の先に位置し、黒岳から層雲峡を挟んでよく見える。かつてはこの山を経由してニセイカウシュッペ山へ至る登山道があった。廃道化以降は途中のパノラマ台までしか登れない状態が続いていたが、2018年にササ刈りが行われ登れるようになった。

山名は1931（昭和6）年、層雲峡を訪れた閑院宮載仁親王が朝陽山（あさひやま）と命名したことによるとされる。

層雲峡温泉コース

層雲峡ベースの手頃な展望台

■**交通**

JR旭川駅前または上川駅前から道北バス（☎0166-23-4161）層雲峡行きに乗り、終点下車。1日7便（旭川発着）。

■**マイカー情報**

層雲峡公共駐車場（無料）を利用する。トイレあり。登山口の層雲峡園地に駐車場はない。

■**コースタイム**（日帰り装備）

層雲峡温泉 0:10↓ 0:10↑ 登山口 0:40↓ 0:30↑ パノラマ台分岐 1:10↓ 0:50↑ 朝陽山

標高差　約630メートル

登り　2時間

下り　1時間30分

■**ガイド**（撮影　7月24日）

登山口は層雲峡温泉から石狩川を挟んだ対岸、層雲峡園地にある。温泉街から国道39号を上流側に少し行っ

体力（標高差）	40点
登山時間加算	D
高山度（標高）	B
険しさ	C
迷いやすさ	D
総合点50点（初級）	

た先の人道橋を渡り、右に進んで野鳥観察舎の先のトイレ右側が登山口だ。テープの目印がある以外、特に標識などはない。

最初のうちは小規模な土石流の右側に付いた踏み跡を登るが、ほどなくこの小沢を横切って明瞭な道となる。急斜面をジグザグを切

石狩川に架かる人道橋とパノラマ台

土石流跡の脇を登ってゆく

トイレの右から登山道に入る

そそと咲くクルマユリ

パノラマ台分岐。山頂は左上へ

りながら高度を稼ぎ、沢地形に入ってこれを登り詰めるとアンテナ施設の小屋がある。

斜度が緩んで台地状となった森を進み、左に斜上するように登っていくと「山火事注意」の看板が立つパノラマ台分岐となる。パノラマ台へは右に平らなトラバース道を5分ほど。足元に温泉街、正面に黒岳や凌雲《りょううん》岳が迫る展望台で、黒岳沢の険しさがひときわ目を引く。ただし、周囲が切れ落ちた岩稜の突端なので、足元にはくれぐれも注意のこと。

分岐に戻り、再び見通しの利かない針葉樹林の中を登ってゆく。足元にはクルマユリやエゾノレイジンソウなどがちらほら見られるが、全般に花は少ない。斜度が増し小さくジグザグを切って尾根に乗ったところが1145メートル標高点

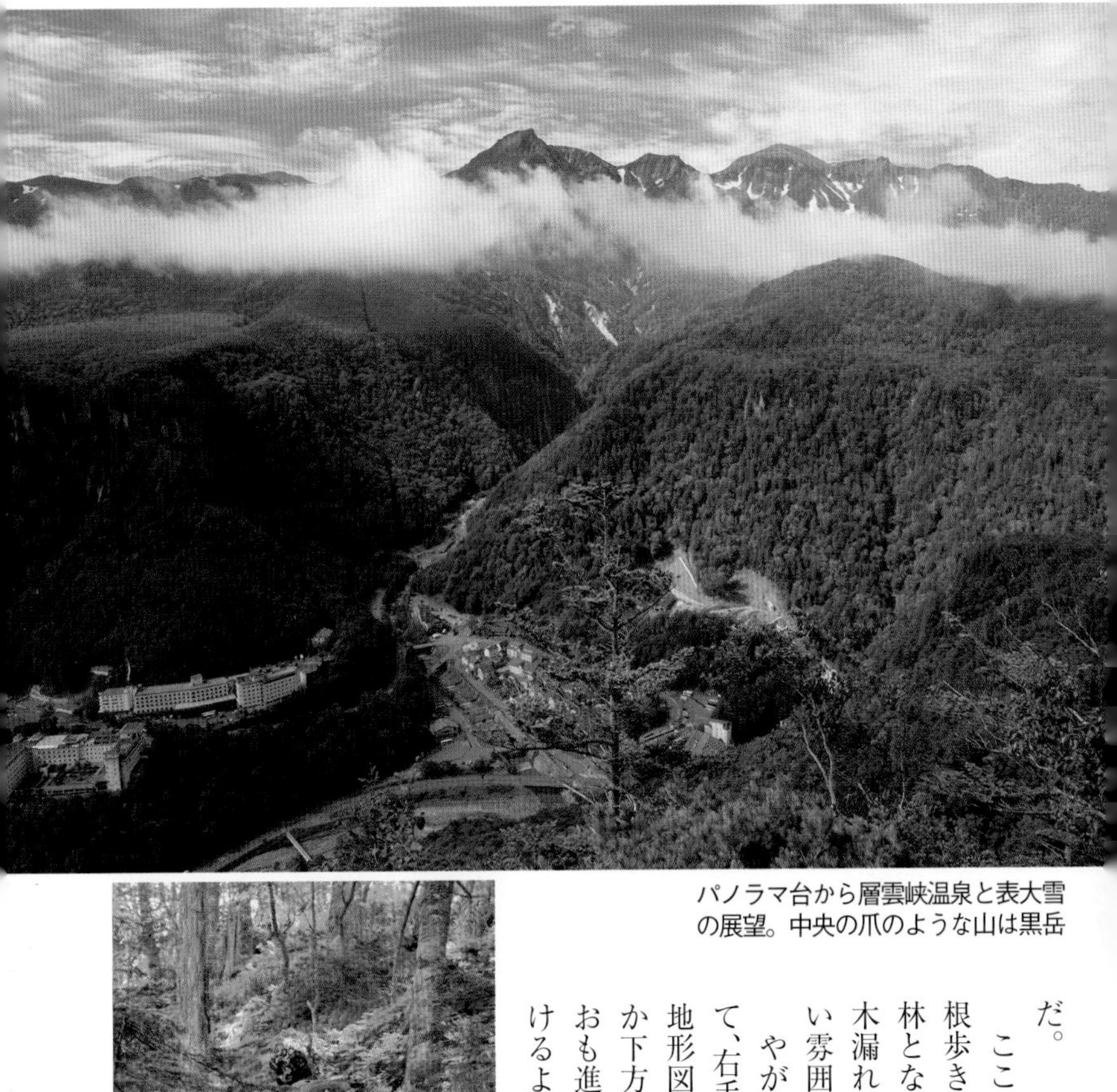

パノラマ台から層雲峡温泉と表大雪の展望。中央の爪のような山は黒岳

だ。

ここからは緩急つけながらの尾根歩きとなる。周囲はダケカンバ林となり、足元には柔らかな草に木漏れ日が降り注いでなんともいい雰囲気の道である。

やがて密生したササ藪《やぶ》が出てきて、右手に大きな崩壊地が現れる。地形図にも記されたもので、はるか下方まで続いている。浸食はなおも進んでいるようで、これを避けるように古い踏み跡の左に新た

コースの大半は心地よい森

新しい刈り分け道を頂上へ

崩壊地から大雪湖と石狩連峰を遠望

左から黒岳、凌雲岳、
北鎮岳と続く表大雪

広い山頂部には２基の
反射板が立つ

に刈り分けられた道がある。切り株は鋭く長めなので、転倒や踏み抜きに注意しよう。

斜度が緩み、頭上が明るくなってくると頂上は近い。一つ目の反射板をくぐり、その先の分岐を左に行けば三角点、右に行くと周囲が刈り払われた二つ目の反射板の下に出る。

平たく広い頂上であるが展望はよい。ニセイカウシュッペ山から平山への連なり、表大雪の山々、さらに石狩連峰にクマネシリ山塊とグルリと見渡せる。それだけに背丈を超える周囲のネマガリダケが少々邪魔で残念だ。

なお、朝陽山からニセイカウシュッペ山まで、廃道化した登山道を復活させる計画があるようだが、関係機関によるとまだクリアすべき手続きは多いそうである。

山頂から北側の展望。ニセイカウシュッペ山まではまだまだ遠い

山頂から望む石狩連峰

1883m

ニセイカウシュッペ山《やま》

平山から

表大雪と石狩川を挟んで対峙《たいじ》し、その位置から想像できるように表大雪の展望台ともいえる山である。高山植物も多く、また道の整備状況もいいことから、近年、人気も高い。

かつては清川と層雲峡を起点とする長い行程だったが、現在は上部まで林道が延びて楽になった。

アイヌ語の山名を意訳すれば、「断崖絶壁の上にある山」で、層雲峡の崖上にその雄姿を仰ぎ見る時、なるほどと納得がいくだろう。

中越《なかこし》コース

岩峰とお花畑の対比が魅力

■ **交通**

最寄りの駅はJR上川駅だが、その先の交通手段がない。タクシーは層雲峡観光ハイヤー（☎01658-2-1181）を利用できる。

■ **マイカー情報**

上川町郊外の国道39号との分岐から国道273号を9・6キロ走り、登山口への標識が立つ林道を右に入る。茅刈別《ちかるべつ》川沿いに2キロ走り、標識に従って右折、古川砂金越林道に入り500メートルでゲートがある。2018年から無施錠となっ

登山ポストが設置された登山口

登山口駐車場から目指すニセイカウシュッペ山が望まれる

序盤は視界の利かない平たんな道

ているが、通行後は必ず閉めること。さらに4・5キロ走った分岐を左折して作業道に入る。その後は迷う分岐はなく約6キロで駐車スペースのある登山口に着く。

道の状況はおおむね良好で、普通乗用車でも慎重に走れば通行可能。ただし、大雨などにより荒れたり、通行止めになることがある。事前に開通状況やゲートの施錠状況を上川中部森林管理署上川森林事務所（☎01658-2-2001）で確認しておくとよい。

■**コースタイム**（日帰り装備）

登山口 2:10↓ 1:50↑ 大槍 0:30↓ 0:20↑ ニセイカウシュッペ山

標高差　約750メートル
登り　2時間40分
下り　2時間10分

■**ガイド**（撮影　7月23日、8月3日ほか）

登山道はかつて利用されていた清川コースの後半部分である。前半部の清川

体力（標高差）	40点
登山時間加算	D
高山度（標高）	A
険しさ	D
迷いやすさ	D
総合点50点（初級）	

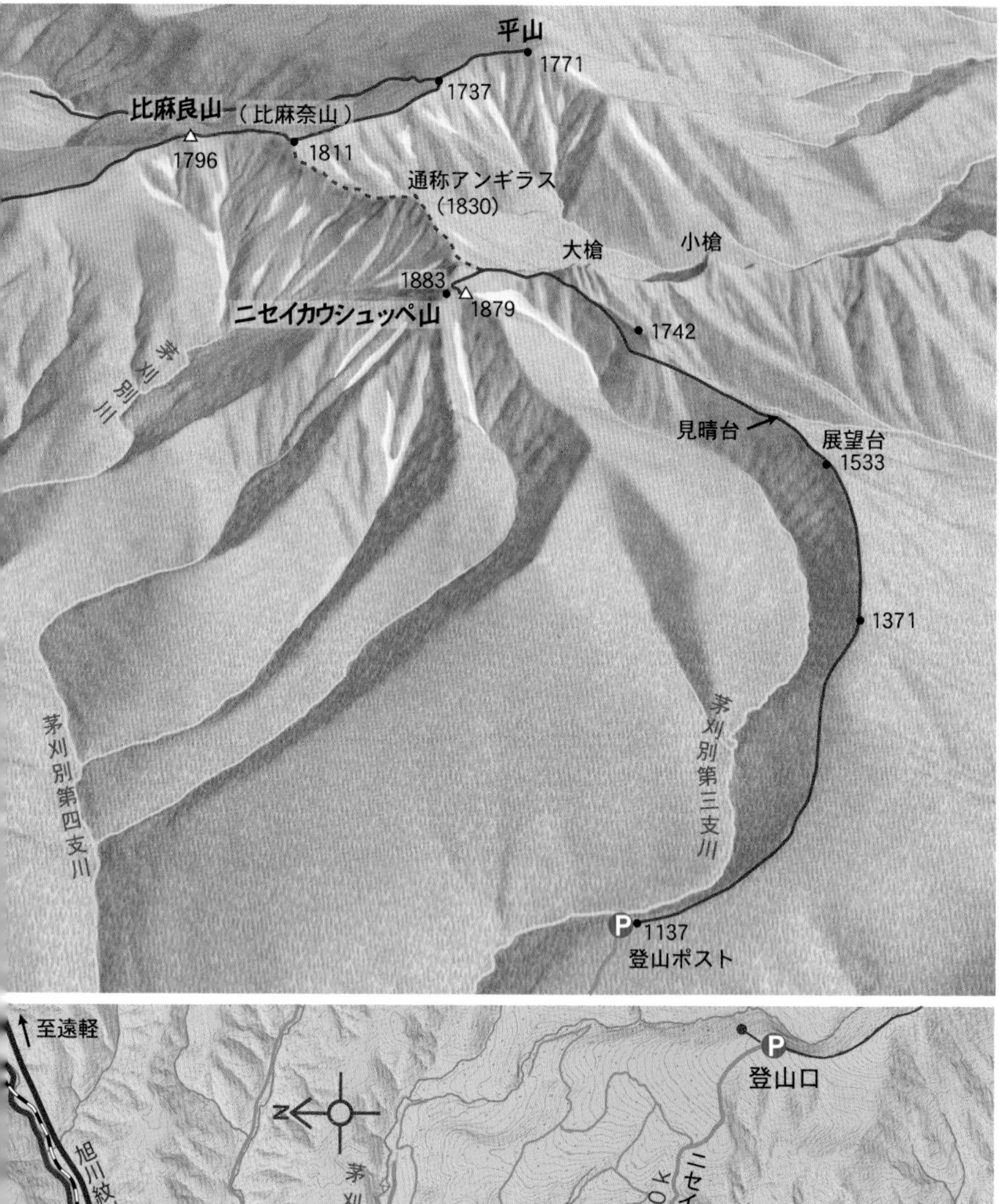

平山
1771
1737
比麻良山
（比麻奈山）
1796
1811
通称アンギラス
（1830）
大槍
小槍
1883
1879
ニセイカウシュッペ山
1742
茅刈別川
見晴台
展望台
1533
1371
茅刈別第四支川
茅刈別第三支川
P
1137
登山ポスト

至遠軽
N
P
登山口
旭川紋別自動車道
273
石北本線
茅刈別川
茅刈別林道
ニセイカウシュッペ作業道
6.0k
双雲内
標識
2.0k
ゲート
5.0k
古川砂金越林道
中越橋
標識
至上川
至層雲峡
39
石狩川
至上川

6月下旬の様子。ルートのある北斜面にはまだ残雪が多い

道が雪に埋もれたところでは道迷いに注意

ウズラバハクサンチドリ

から現在の作業道間は、痕跡も分からないほどに廃道化した。

まばらなダケカンバ林とチシマザサに囲まれた標高1137メートルの登山口を後に、車道跡の広い道を歩き始める。ほとんど勾配の感じられない道は5分ほどで歩道に変わるが、周囲は背丈を超えるササで見通しの利かない単調な行程が続く。左手前方に望まれるのは山頂から西に延びる尾根だ。

見晴らしの乏しい行程ゆえ、足

標高1600ｍを超えると小槍が見えてくる

稜線上で咲くエゾノミヤマアザミ

元の花々に目が行くことになる。ツバメオモトをはじめゴゼンタチバナ、コバノイチヤクソウ、カラマツソウなどが目に止まり、地味なランだがガッサンチドリも多い。

標高1500《メートル》を超えると尾根は細くなりはじめ、1533《メートル》の岩ポコで一時展望が開けて表大雪の山々が望まれてくる。この仮称「展望台」では、頂上や鋭い大槍《おおやり》も望まれるので、休憩を取る人が多い。

ここから先、コースは174

圧倒されそうな迫力で大槍が近づく

大槍への急斜面には花が多い。写真はチシマノキンバイソウ

斜面を黄色く彩るチシマノキンバイソウ

1742m コブ付近から見る山頂。雪に埋もれた沢は茅刈別第三支川（6月下旬）

2メートルコブの基部まで稜線の北側を巻くように続き、ダケカンバ越しの展望を楽しみながら行くことになる。南面がスッパリ切れ落ちた1742メートルコブは近づくにつれて迫力を増し、右手には朝陽山からの鋭い稜線と小槍の岩塔も望まれる。「見晴台」の標識を境に、核心部に入ったことを感じるだろう。

なお、林道開通直後の6月中〜下旬ころは、このあたりはまだ残雪が豊富で、随所で急斜面のトラバースを強いられる。特に朝方は凍っていることも多く、滑落したら眼下の谷底まで一直線だ。この時期はピッケル、アイゼンとそれを使える技術が必要である。

コースは1742メートルコブの上を行かず、急傾斜の北斜面を巻くように延びている。初めはダケカンバやミヤマハンノキの中をゆく

大槍の廃道合流付近も花が多い。左奥の丸いピークが山頂

が、次第に本格的なお花畑となり、アオノツガザクラ、キバナノコマノツメ、ウズラバハクサンチドリ、チシマアザミ、カラマツソウ、モミジカラマツなどが斜面一面に咲き誇る。登りきった大槍とのコル付近にはジンヨウキスミレも見られる。

眼前にすごい迫力で迫る岩峰は大槍で、今は廃道となった層雲峡・朝陽山からのコースとのジャンクション・ピークである。また、右に落ち込む急峻《きゅうしゅん》な谷はニセイノシキオマップ川といい、沢登り愛好家の間で「天国への階段」と称され知られている。

その大槍も北斜面を巻くように登ると、右から前述の廃道が合流する。ここから先はもう険しい登りはなく、茅刈別第三支川の源流部をぐるっと巡るように山頂に向

山頂手前から大槍越しに表大雪を望む

目立たないがどこかかれんなタカネイ

広くて平たんな頂上

かう。周囲の山々と道端に咲くエゾノミヤマアザミやサマニヨモギなどの高山植物を眺めながらの高原散歩気分である。

　本峰手前のピークの西斜面を横切ると最後のコルで、表大雪でもあまり見ることのないタカネイの群生地になっている。道はそのど真ん中を突き抜けているので、踏みつけないようにお願いする。最後はハイマツに覆われた南斜面を斜めにゆっくり登れば、広く平たんなニセイカウシュッペ山の頂上である。

　やや独立峰的なこの山からの眺めは素晴らしい。表大雪はもちろん、北には天塩岳がそびえ、東から南にかけては平山や武利岳、武華山、そして東大雪の山並みが望まれる。

　なお、平山方面に向けてうっす

らと踏み跡が見えるが、近年これを利用して縦走する人が増えているようだ。途中の魅力的な岩山、通称アンギラスを含めて詳細は平山の項で紹介する。

アンギラス（右）、比麻良山、武利岳方面の展望

1553m

白滝天狗岳《しらたきてんぐだけ》

1635m

有明山《ありあけやま》

平山から見た白滝天狗岳

天狗岳は全国にたくさんある。この山も地形図では天狗岳だが、ネットで調べると白滝天狗岳と呼ぶ人が多い。本書でもそれにならうことにした。休業が続くスキー場の斜面を登るが、コース整備はされている。小天狗から高山植物が現れるので植物ファンにも楽しめる山だ。道はさらに有明山を経由して平山まで続いており、2013年から、トレイルランニング大会の舞台にもなっている。

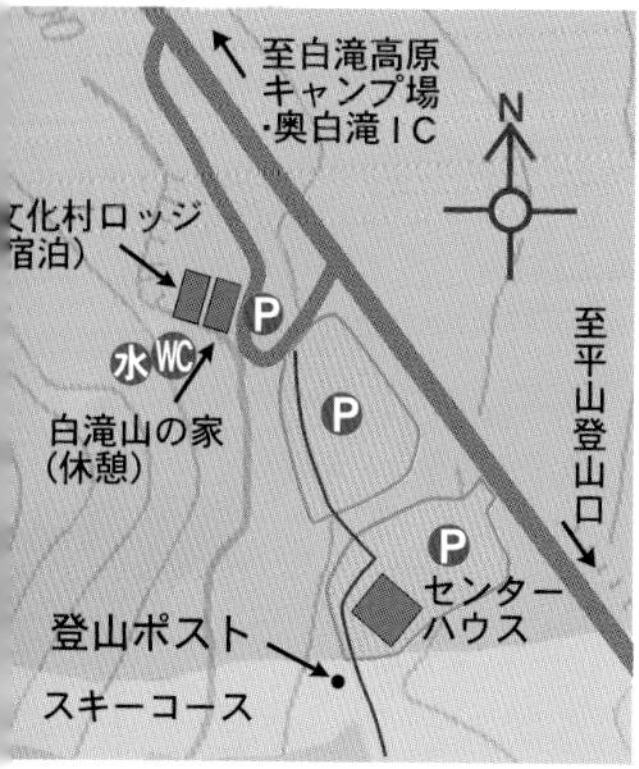

白滝天狗岳

北大雪スキー場コース

チトカニウシ山と天塩岳を振り返りつつ

■ **交通**

ＪＲ白滝駅、または札幌−遠軽間の都市間バス「高速えんがる号」（北海道中央バス☎０５７０-２００-６００）で白滝下車。いずれも便数が少なく日帰り利用は難しい。白滝から登山口までは約10キロあり、白滝ハイヤー（☎０１５８-48-２０２８）利用が現実的。

■ **マイカー情報**

旭川紋別自動車道の奥白滝ＩＣから登山口の北大雪スキー場（休止中）まで約３キロ。スキー場の駐車場が利用できる。

■ **文化村ロッジ**（宿泊施設）

宿泊者がいるときのみ対応。素泊まり、２食付き可。☎０１５８-48-２７６２（矢木組）

体力（標高差）	45点
登山時間加算	C
高山度（標高）	B
険　し　さ	C
迷いやすさ	D
総合点60点（中級）	

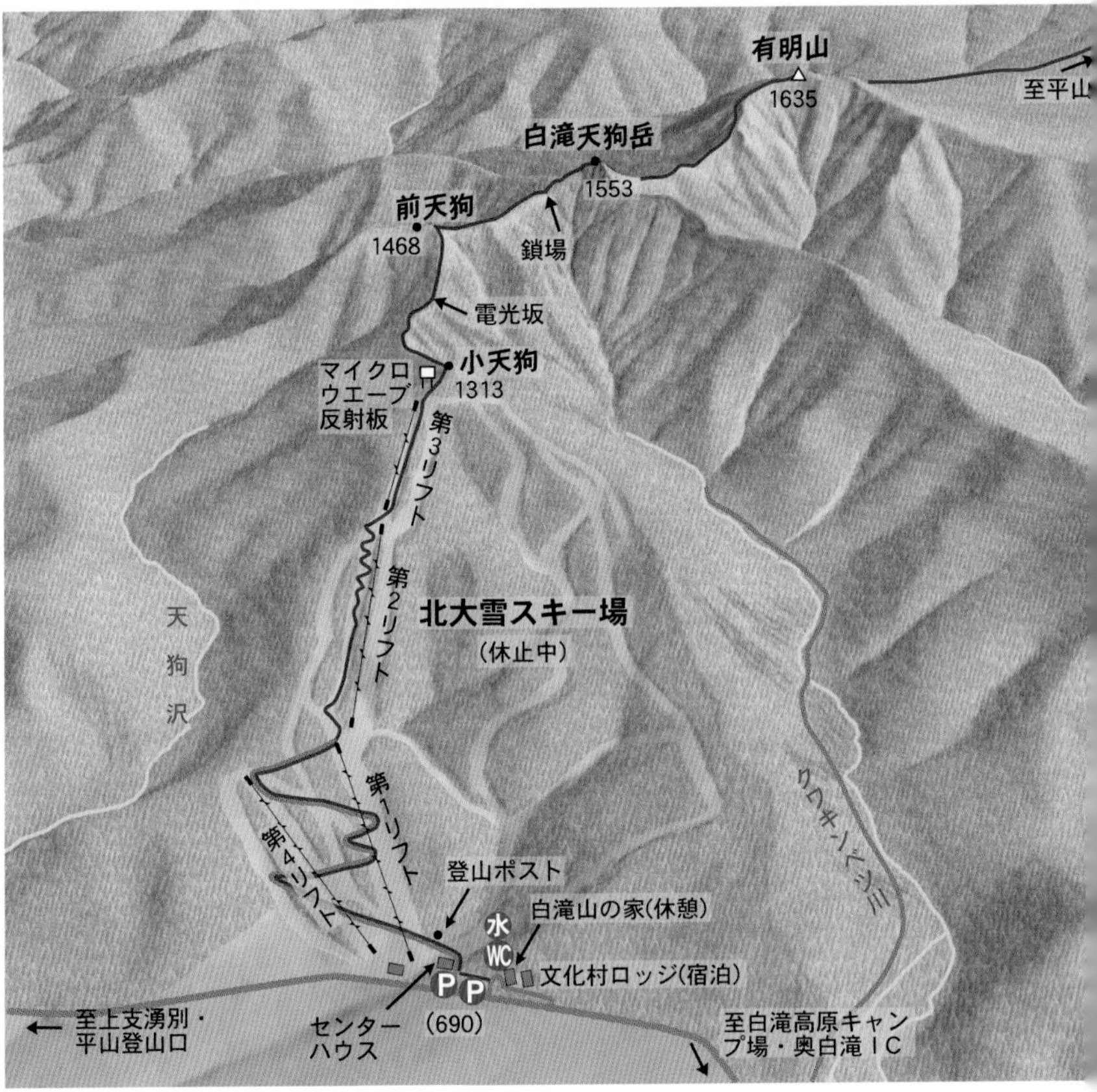

■**白滝山の家**（無料休憩所）
8時30分～17時30分。トイレ、水など利用可。宿泊不可。問い合わせは文化村ロッジに同じ。

■**白滝高原キャンプ場**
詳細は139ページを参照。

■**コースタイム**（日帰り装備）
登山口 2:00↓ 1:20↑ 小天狗 0:30↓ 0:20↑ 前天狗 0:30↓ 0:20↑ 白滝天狗岳
獲得標高差　約930メートル
登り　3時間
下り　2時間

■**ガイド**（撮影　8月13日）
スタートは休業中の北大雪スキー場。建物の壁に大きな文字で「北大雪スキー場」と書かれたセンターハウスの裏から登山が始まる。白滝山の家、文化村ロッジからも駐車場経由で行ける。登山届記帳後はスキー場の作業道をたど

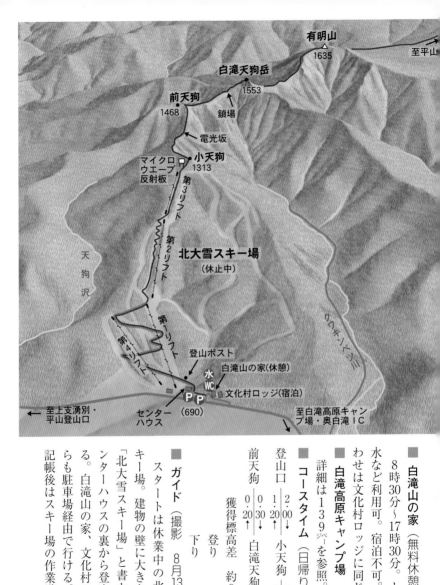

スキー場の作業道を進む

センターハウスの裏へ回り込む

第3リフト脇を登る

正面に見える第2リフトの左を登る

る。第1リフト沿いの作業道跡から直登することもできるが、時期によっては草が茂る。

作業道は大きくジグザグを切りながら第1リフトの終点まで続く。振り返るとチトカニウシ山が見える。

次に向かう第2リフトの左側に登山道が見え、それをたどるが、前半は直登なのでなかなかきつい。

最後の第3リフトは右側に道が延びている。次第に植物も山のものに変わり、ゴゼンタチバナ、ウメバチソウなどが現れる。

第3リフトを過ぎるとハイマツ、ウラジロナナカマド、イワツツジ、ガンコウランなどの高山植物が急に増え、心躍るうちに巨大な反射板のある小天狗に着く。本当のピークは少し先にあるが、広

白滝高原キャンプ場

マイカー横付けの快適バンガロー

奥白滝ICから2km、天狗岳登山口から1kmの距離にある。バンガロー、オートサイト、テント地を利用できる。登山後の五右衛門風呂、コイン式シャワーがありがたい。要入場料。

▼開設期間＝5月～10月

▼利用申し込み＝管理棟（ラムハウス）　☎0158-48-2803

▼問い合わせ先＝遠軽町白滝総合支所産業課☎0158-48-2212

小天狗は一面の岩。高山植物も多い

くて眺めのよいこちらが休憩にはおすすめだ。

ここから次に尾根続きに見える前天狗へ向かう。少し下ると「4km」の標識があるが、何の距離を示すのか意味不明だ。地図で調べると登山口からの距離らしい。さらに先で「電光坂」の標識が現れ、標高差100メートルの登りが始まる。登り切ったところが前天狗だが、木が茂って眺めはなく、標識も壊れて棒だけが残っていた。

前天狗からは尾根歩きが始まり、低木帯に続き、ハイマツが現れる。正面には小さな岩壁をもつ白滝天狗岳の頂上も見えてくる。途中に短い鎖場が2カ所あり、足場に注意して進めば危険なことはないが、崖が苦手な人には少し恐いかもしれない。2カ所目の鎖場を登り切ると目の前に小さな祠《ほこら》が

鎖場。急だが短い

電光坂の標識。ここから急になる

山頂は岩場。エゾツツジが多い

前天狗。標識は壊れていた

祭られた岩の山頂が現れる。7月ならエゾツツジが見事に咲いて迎えてくれるはずだ。

　最も近くに見えるのは尾根続きの有明山。白滝天狗岳から登山道が延びているのが見える。

　この山域は主稜線から外れているので、眺めが格別によいわけではない。それでも、有明山の後ろにはニセイカウシュッペ山と表大雪の一部が見え、その左に武華山、武利岳が見える。さらに北にはチトカニウシ山と天塩岳も見えるので、まずまずの展望といっていいだろう。

前天狗からハイマツの尾根を進むと白滝天狗岳の山頂が見えてくる

白滝天狗岳山頂への最後の登り。小さな祠が岩場にしがみついている

白滝天狗岳から有明山の斜面越しに山並みを望む

有明山

白滝天狗岳コース

白滝天狗岳経由で稜線をさらに1時間

■コースタイム（日帰り装備）

登山口 3:00↓ 2:00↑ 白滝天狗岳 1:00↓ 1:00↑ 有明山

獲得標高差　約1130メートル

登り　4時間

下り　3時間

■ガイド（撮影　9月22日）

白滝天狗岳から稜線伝いに見える登山道をたどる。この道は延々と平山まで縦走するために開削されたもので、その一部を利用して有明山を往復するのである。

斜めに岩れき帯を下り、そこからハイマツ帯、ダケカンバ帯と急

勾配の道を一直線に下ると、イネ科のイワノガリヤスが茂る草付きのコルに出る。そこはツガザクラ類も咲く小さなお花畑でもある。

　さらに小さなコブを越えると最低コルであるが、こちらはめぼしい見どころはない。

　有明山の登りにかかると傾斜は徐々に増してくる。そしてこの急登に耐えると一気にハイマツの稜線上に出る。そこからは傾斜が落ち、緩いカーブを描くようにして平たんな頂上へと至る。

　三角点のある山頂はハイマツに囲まれて展望はないが、縦走路をわずかに平山側へたどればニセイ

体力（標高差）	45点
登山時間加算	C
高山度（標高）	A
険　し　さ	C
迷いやすさ	D
総合点65点（中級）	

有明山から武利岳（左）と武華山（中）を遠望する

有明山の頂上から展望はない

有明山上部の稜線を歩く。背後は白滝天狗岳

縦走路が延びる平山方向を眺める

カウシュッペ山から武利岳まで南方向180度の眺望が目に入る。

有明山に向かって、ハイマツ帯からダケカンバ林へ

文三岳からはまず有明山を正面に見ながら平たんな稜線を下る

平山・白滝天狗岳縦走

■コースタイム

文三岳《ぶんぞう》 ─1:00↓ 1:20↑─ 林道への分岐 ─1:40↓ 1:20↑─ 有明山

■ガイド（撮影　9月22日）

2003年秋に平山から白滝天狗岳に至る長い稜線上に縦走路が開削された。当初有明山山腹で稜線から外れて迷いやすかった道もその後、再整備されて一般の登山道以上に見事な縦走路に仕上がった。今後も整備は続けられるという。

稜線上といっても中間地点ではダケカンバ帯まで高度が下がり展望は利かないが、原生の森を歩く気分は格別である。また最低コル南寄りに支湧別《しゆうべつ》本流二ノ沢林道への刈り分けが分岐しており、林道上や土場でのキャンプが可能だ。

スタート地点は平山登山口が白滝天狗岳のそれより400メートルほど高いため、平山から北上する方が体力的負担が少なく、お勧めである。ここでもそのようにガイドする。なお平山―文三岳間は152ページ、白滝天狗岳―有明山間は142ページ参照。

文三岳からさらに広くなだらかな稜線を北に向かって下る。岩の露出した部分ではニセイカウシュッペ山がよく眺められる。やがて斜度が変わる部分があり、そ

ニセイカウシュッペ山を背に文三岳のハイマツ帯を下る

有明山の樹林帯から抜け出ると文三岳とニセイカウシュッペ山が遠い背景に

整備の行き届いた縦走路

分岐から下り立った林道はほとんど車が通らないようだ

林道への分岐付近から文三岳を振り返る

こでコースは大きくジグザグを描いて丈の高いハイマツ帯、そしてダケカンバ帯へと突入する。

　針葉樹が交じる樹林帯をたんたんと下る。コースの刈り分けは驚くほど丁寧で歩きやすい。傾斜がなくなりかけると小沢が現れ、すぐ上流で湧いているので格好の水場となる。その沢を渡るとほどなく林道への分岐点だ。右折して林道へは下り5分、登り10分ほど。

　縦走路は直進して最低コルへと導かれ、有明山への登りとなる。緩い登りが続き、標高１４００メートルあたりから本格的な登りとなる。

　樹林に遮られていた視界もハイマツ帯に出るとほどなく良好となる。ニセイカウシュッペ山の山容の変わりように縦走した実感をかみ締める瞬間だろう。有明山の頂上はすぐである。

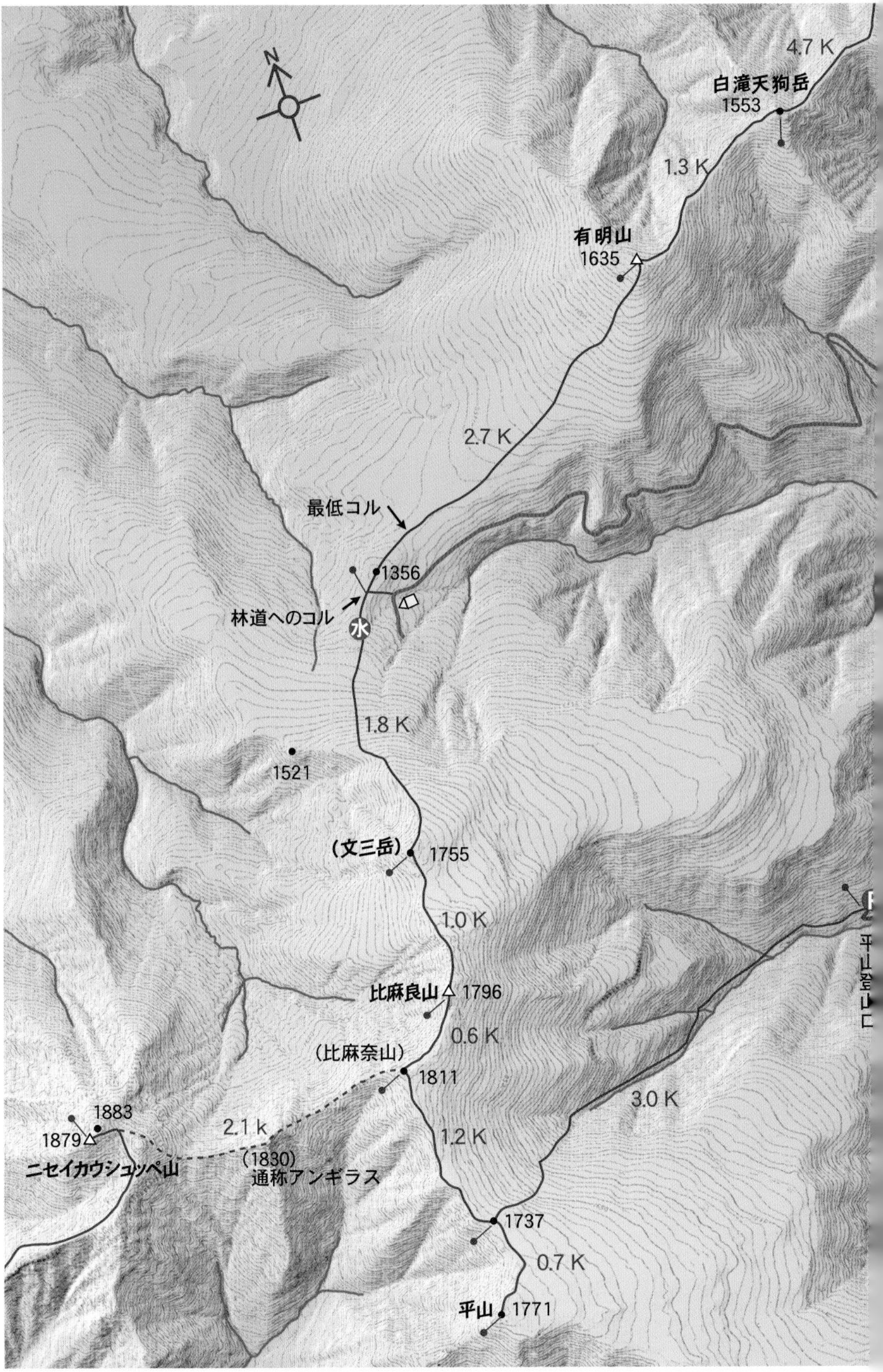
N
4.7 K
白滝天狗岳
1553
1.3 K
有明山
1635
2.7 K
最低コル
1356
林道へのコル
水
1.8 K
1521
（文三岳）
1755
1.0 K
比麻良山
1796
0.6 K
（比麻奈山）
1811
3.0 K
1883
1879
2.1 k
（1830）
通称アンギラス
ニセイカウシュッペ山
1.2 K
1737
0.7 K
平山
1771

1771m

平山《ひらやま》

1796m

比麻良山《ひまらやま》

1755m

文三岳《ぶんぞうだけ》

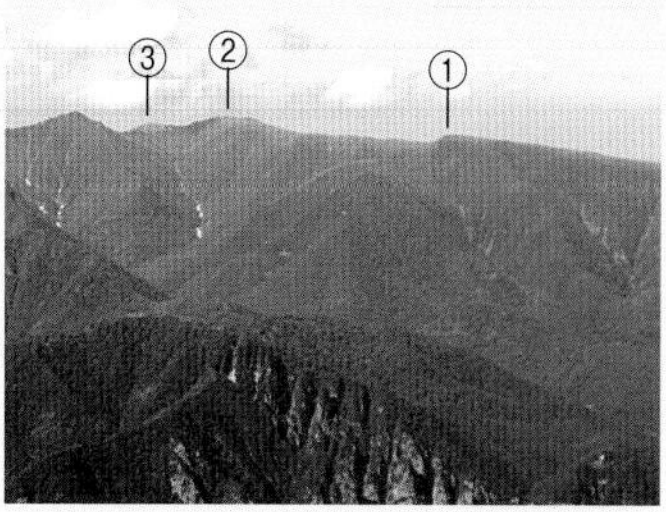

赤岳から①平山②比麻良山③文三岳

表大雪から層雲峡の対岸に見えるのは北大雪の山々。ひときわ目立つニセイカウシュッペ山の右に続く平たんな山が平山だ。

どこが頂上か分からないような目立たない山だが、高峰が並ぶ表大雪の展望台として、また気軽に登れる高山植物観賞の山として人気が高い。

白滝天狗岳を結ぶ縦走路が開削されて、比麻良山はもちろん文三岳まで日帰り登山圏となった。

平山・白滝コース

高山植物と表大雪の眺めが素晴らしい

■**交通**

JR白滝駅、または都市間バス「高速えんがる号」で白滝下車。いずれも便数が少なく日帰り利用は難しい。白滝から登山口までは約21キロあり、タクシー利用が現実的だ。交通機関問い合わせ先は「白滝天狗岳」（136ページ）を参照のこと。

■**マイカー情報**

旭川紋別自動車道奥白滝ICまたは国道333号から上支湧別に入り、支湧別川に沿って道道558号、さらに整備された林道を進む。上支湧別から約12キロで右手に広い駐車場がある。

■**宿泊施設、キャンプ場**は136ページ参照。

■**コースタイム**（日帰り装備）

登山口 1:20↓ 0:50↑ 第1雪渓 0:50↓ 0:40↑

体力(標高差)	40点
登山時間加算	D
高山度(標高)	A
険しさ	C
迷いやすさ	D
総合点55点（中級）	

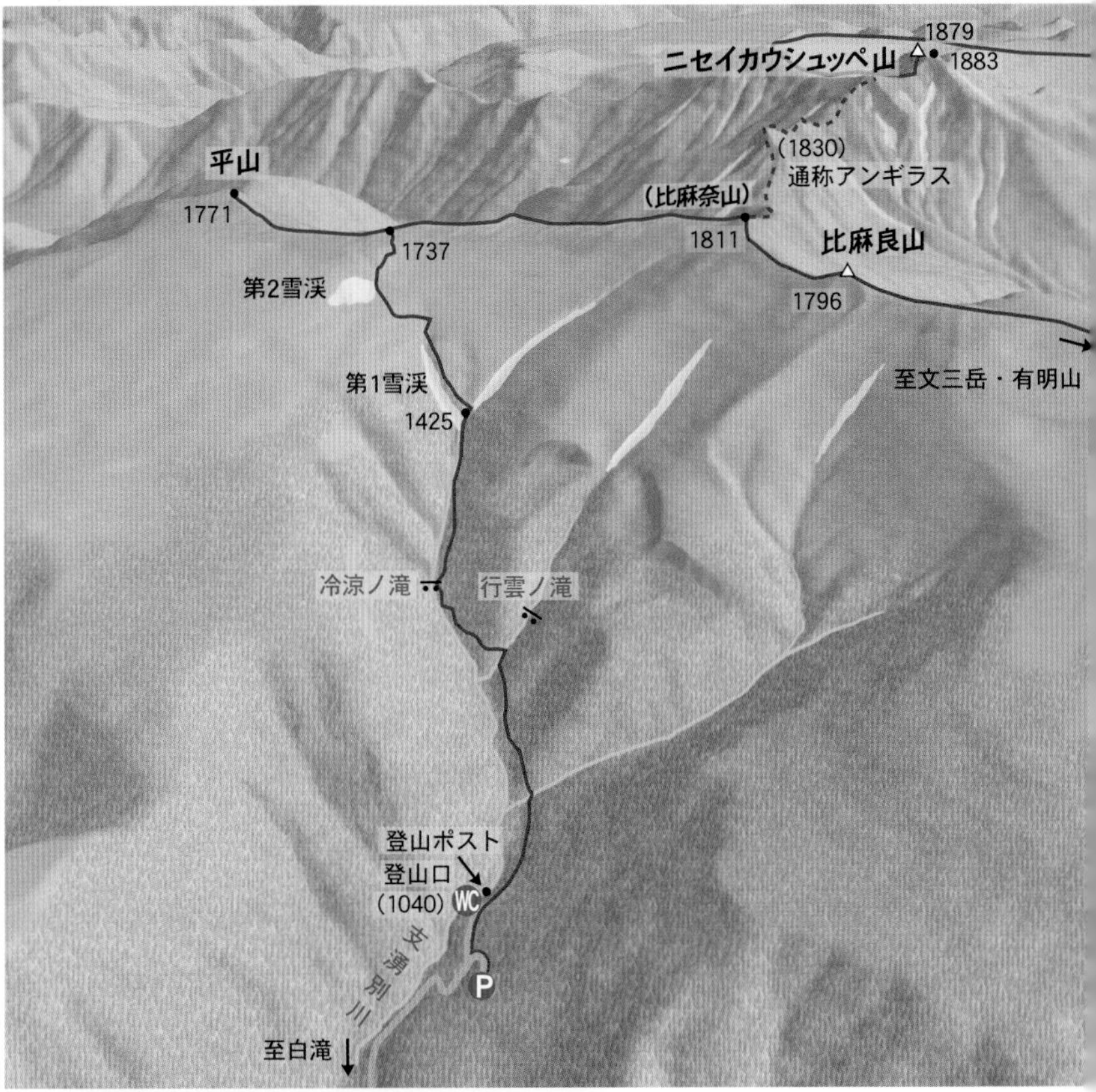

1737メートル標高点 0:25↓ 0:20↑ 平山

標高差 約775メートル
登り 2時間35分
下り 1時間50分

■ガイド（撮影 7月8日）

駐車場から登山口まで200メートルほど林道が続いているが、「関係車以外乗り入れ禁止」の看板があ

駐車場は縦に長い。順に止めよう

足場パイプの橋で枝沢を渡る

登山ポストの横から登山道へ

るので歩こう。登山口には登山ポストと仮設トイレがある。

登山道は支湧別川左岸に沿ってつけられている。途中3カ所ほど足場パイプで橋が組まれていたり、ぬかるみに丸太を並べてあったりとよく整備されている。近年の悪天で倒木も目立つが、これもこまめに処理され、頭が下がる。

2本目の枝沢は渡渉するが、通常は飛び石伝いに渡れる水量だ。奥には高さ10メートルほどの行雲ノ滝が落ち、涼しさを感じさせてくれる。さらに10分ほどゆくと、今度は本流に架かる冷涼ノ滝。より幅広く水量も多い。

ここから道は斜度を増してくる。ハクセンナズナ、エゾクロクモソウ、フキユキノシタなど花も見られるようになるが、のり面が崩れ気味のところもあるので注意しよう。

枝沢の奥に落ちる行雲ノ滝

長さも斜度もある第1雪渓。背後は支湧別岳方面の山並み

第2雪渓は右側を登ってゆく

1425㍍標高点まで来ると急に視界が開け、第1雪渓が現れる。二股になった雪渓は、右股を横切るように渡って左股に入ってゆく。雪解けとともに右側(左岸側)に夏道が現れるが、7月中は雪渓上を歩くことも多い。急で長く、朝など雪が硬いときは滑落の危険があるので、アイゼンを携行したい。周囲にはエゾコザクラやエゾウサギギク、チシマノキンバイソウなど高山植物が見られ、背後には支湧別岳や武利岳が望まれる。

第1雪渓を登り終えた先で道は左に折れ、ほどなく第2雪渓に出る。斜度、長さとも先ほどより小さい。ここを抜ければ稜線の1737㍍標高点はもう近い。その少し手前にある展望の良い小広場は、稜線の風が強い日など休憩するのにいい場所だ。

平山の山頂の先からの展望

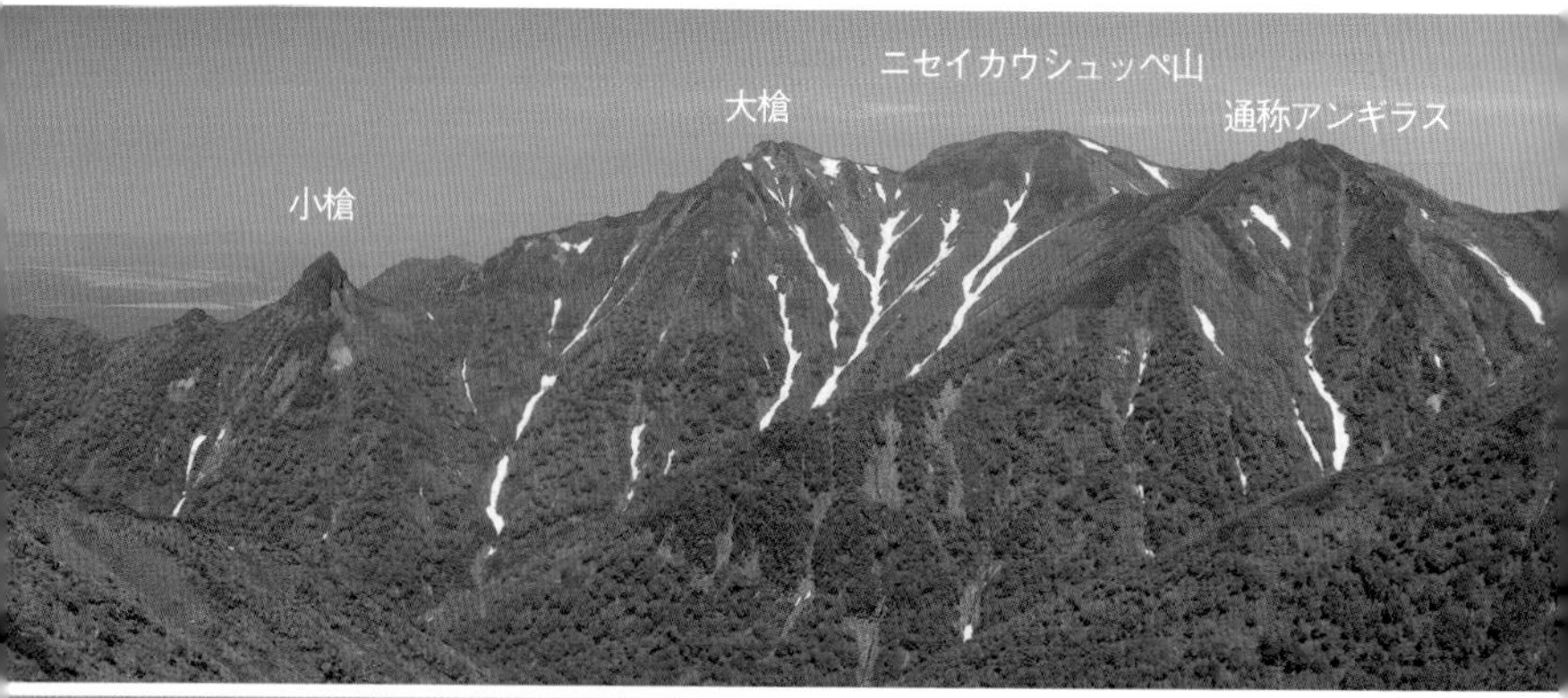

ピーク感に乏しい平山山頂

1737ｍ標高点から見る平山頂上

斜度が緩んでハイマツ帯を抜けた瞬間、ニセイカウシュッペ山と表大雪のパノラマが開け、思わず歓声が上がる。平山山頂は左前方に岬のように突き出た台地だ。足元のタカネシオガマやコマクサ、イソツツジなどを楽しみながら緩やかな道をたどろう。ハイマツの原に囲まれた頂上は期待したほどにはパッとしないが、先に延びる踏み跡を１００メートルほど進むと、期待以上の展望地が待っている。

比麻良山・文三岳へ

ニセイカを左に見て雲上の尾根歩き

■コースタイム（日帰り装備）

登山口 2·10↓ 1·30↑ １７３７メートル標高点 0·50↓ 0·40↑ 比麻良山 0·30↓ 0·40↑ 文三岳

獲得標高差　約８７０メートル

タカネシオガマ

大槍を背景に咲くコマクサとエゾタカネスミレ

登り　3時間30分
下り　2時間50分

■ **ガイド**（撮影　7月8日）

平山から比麻良山へは、なだらかな尾根全体がお花畑といった印象だ。1737㍍標高点を後にすると、すぐにコマクサとエゾタカネスミレの群落が待ち受ける。ウスユキトウヒレンやイワヒゲも多い。歩くほどにニセイカウシュッペ山が近づき、大槍《おおやり》、小槍、通称アンギラスの鋭鋒を従えた姿が魅力的だ。そんな花や展望を楽しみながら緩やかに登った先は平山連山の最高点1811㍍ピーク。俗称を〝比《ひ》麻《ま》奈《な》山〟とい

体力（標高差）	40点
登山時間加算	C
高山度（標高）	A
険しさ	C
迷いやすさ	D
総合点60点（中級）	

●文三岳まで

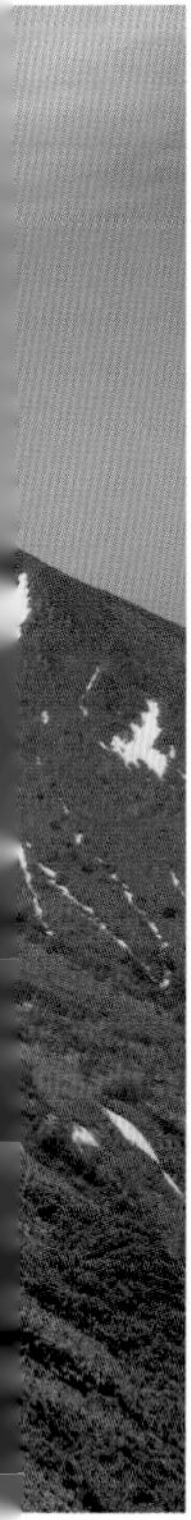

比麻良山山頂。奥に文三岳

比麻良山から歩いてきた〝比麻奈山〟方面を振り返る

い、ニセイカウシュッペ山へ踏み跡が分かれている。花が目当てなら、このあたりで引き返してもいいだろう。

道は〝比麻奈山〟で右に折れ、ゆったりと下り登りして600メートルほどで比麻良山に着く。平山とはまた違った姿で迫るニセイカウシュッペ山はもちろん、天塩岳をはじめ幾重にも続く北見山地の奥深さも印象的だ。

文三岳へ

比麻良山から北へ延びる平たんな稜線上に見えるなだらかな膨らみが文三岳である。人影のように見えるのは大きなケルンだ。

前半は稜線直下の東斜面を横切るように進む。冬の降雪が雪庇《せっぴ》状にたまるので、草原状のお花畑とササ原になっている。

その後は稜線に戻ってハイマツ

通称アンギラスの鋭さが際立つ比麻良山からのニセイカウシュッペ山

帯や矮小《わいしょう》高山植物、れき地を縫ってゆく。最後に広いコルから緩く登れば、遠くから見えたケルンに到着する。山名は一帯の山岳監視を行っていた営林署職員の田中文三氏にちなむそうだ。

文三岳頂上のケルンから通称アンギラス方面を望む

↑〝比麻奈山〟山腹のハイマツをかき分けてアンギラスに向かう

二つの岩ポコを過ぎて低木ブッシュの中をアンギラスとのコルへ→

平山―ニセイカウシュッペ山縦走

平山あるいはニセイカウシュッペ山から両山を結ぶ吊《つり》尾根を眺めると、ちょうど中間地点に標高1830㍍ほどの形のよいピークが望まれる。このピークは岩がゴツゴツ露出して恐竜の背のように見えることから、誰かがアンギラスと呼び始め、最近ではこの名が定着した感がある。このピークが目的かどうかは分からないが、最近よく縦走路に人影を見るようになった。

ただし、このコースは環境省の国立公園計画で定められた正規の登山道ではないことを明記しておく。登山道としての整備もされておらず、単なる「踏み跡」である。

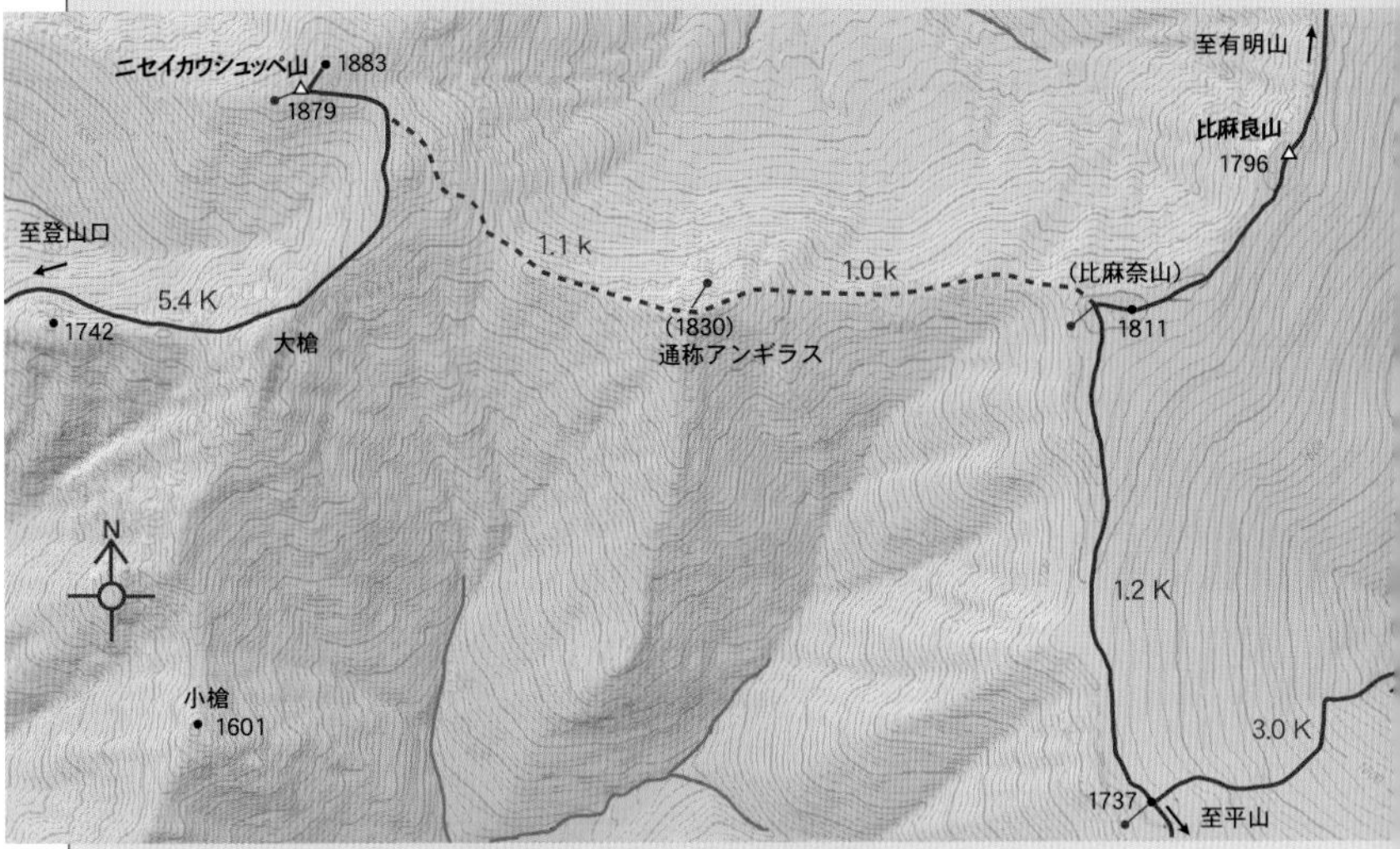

平山側から二つ目の岩ポコからアンギラスへのルートがかすかに見える

歩く際は各自の責任において判断してほしい。

踏み跡自体はかなり昔からあり、割としっかりしている。迷うとしたらアンギラスの平山寄りとニセイカウシュッペ山手前ピークの下部だろう。濃霧時や雪渓が広

アンギラスの登りから
平山方面を振り返る

アンギラスの最高地点。
背後は大槍

アンギラスを越えてニセイカ
ウシュッペ山へ向かう

く残る季節は注意したい。また所によりハイマツこぎを強いられる。一番のハイマツこぎは〝比麻

アンギラスから表大雪を望む。中央手前のコブは小槍

ニセイカウシュッペ山手前のピークをトラバース気味に。背後に平山

奈山〟山腹だろう。

縦走コース入り口は、平山側が〝比麻奈山〟（1811メートルピーク）、ニセイカウシュッペ山側が山頂と手前のピークとのコル。後者は分かりにくいが、ハイマツを少しこぐとはっきりした踏み跡に出る。

所要時間は〝比麻奈山〟―アンギラス間、アンギラス―ニセイカウシュッペ山登山道間、それぞれ双方向ともにおよそ1時間である。縦走する余裕がない場合はアンギラスのピークで引き返しても満足できるだろう。

もう一つ、この地域はヒグマの出没頻度が高いことにも注意したい。

1688m

支湧別岳《しゆうべつだけ》

山麓の上支湧別から

遠軽町白滝市街地の南方、旧丸瀬布町との境に連なる山塊の最高峰で、この山並みはさらに南方へ延び、武利岳、武華山を載せている。

山名の由来は支湧別川の水源か山麓の地名によるものだろう。支湧別川の支はアイヌ語で支流ではなく本流を意味し、湧別は「サメ」あるいは「魚が豊富」を意味するという。

山肌のほとんどが針葉樹林に覆われて黒々としているが、その林床を覆うコケの美しさは特筆すべきものがある。

上支湧別コース

林道は壊滅的だが、登山道は健在

■特記事項

2016年の台風などで、アプローチの林道が崩壊。19年秋現在、登山口（駐車場跡）の手前約3・5キロで通行止めとなっている。災害の状況は深刻で、随所で崩壊、流失、落橋が見られる。一方、登山口から先の登山道に大きな被害は見られなかった（18年夏の取材時）。

通行止め区間を歩いて入山する場合、崩壊地の通過や渡渉、適切なルートファインディングが必要だ。所要時間は行き1時間20分、帰り1時間10分ほど。崩壊地のいくつかは巻き道（鹿道？）を見つけられる。登山口からのグレードは右記の通り。通行止め地点からは、登山時間と険しさの要素が加算され、75点（上級）となる。

●登山口から

体力（標高差）	45点
登山時間加算	C
高山度（標高）	A
険しさ	C
迷いやすさ	B
総合点70点（中級）	

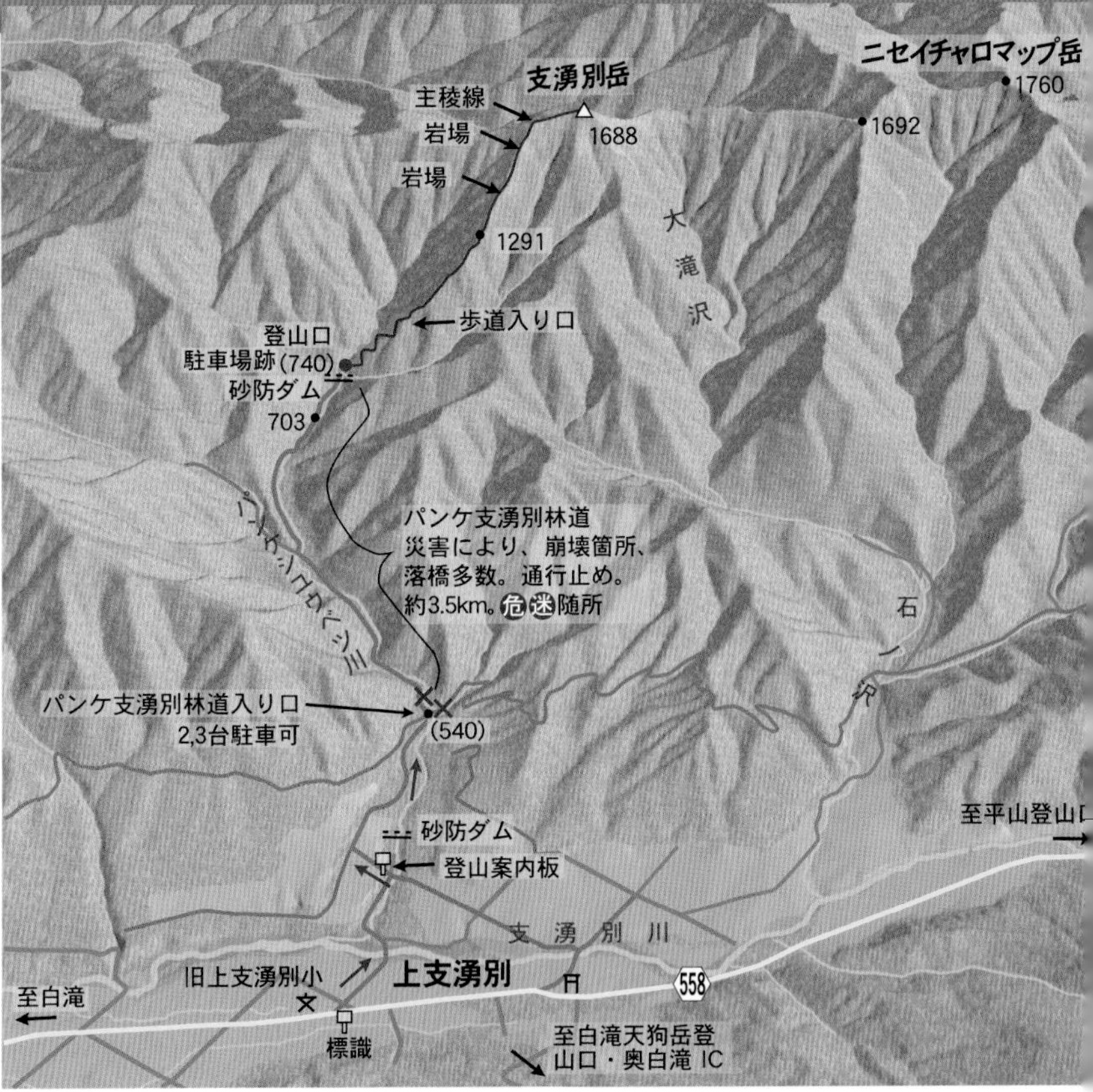

他の車の邪魔にならないよう止めよう

■交通・キャンプ場・宿泊は「白滝天狗岳」（136ページ）を参照。

■マイカー情報

旭川紋別自動車道奥白滝ICまたは国道333号から上支湧別に入り、旧上支湧別小学校から上記の地図に従って林道を進む。小学校から約2・5キロの林道交差点（パンケ支湧別林道入り口）まで入ることができ、路肩に2、3台分の駐車スペースがある。

渡渉点の読みを誤るとこんな目にも…

ごっそり流失してしまった林道

序盤の作業道跡を登る

登山口の様子。道は左岸に沿って奥へ

■コースタイム（日帰り装備）

登山口 0:40↓ 0:30↑ 歩道入り口 2:30↓ 1:40↑ 主稜線 0:30↓ 0:20↑ 支湧別岳

標高差　約950メートル

登り　3時間40分

下り　2時間30分

■ガイド（撮影　7月25日）

登山口は地形図の703メートル標高点の先、砂防ダムのすぐ上流の二股である。土石流によってかつての駐車場はほとんど面影がなくなっているが、小さな支流と本流を左岸に渡ると「登山道入口」の標識が立っている（ただし、沢の浸食が迫り、いつまで残っているかは不明だ）。

標識の前から左岸に沿った作業道跡を上流に向かうがすぐに折り返し、砂防ダム下流に注ぐ支流に沿うように進む。ほどなくその道

コケと岩、巨木が織りなすしっとりとした景色の中をゆく

尾根は終始急で細い

薄暗い森に映えるハクサンシャクナゲ

とも分かれ、左の急な坂道に入る。標識やテープの目印等はないが、踏み跡は明瞭だ。

　作業道とは思えないほど急勾配の道をジグザグを切りながら高度を上げてゆく。標高960メートル付近で作業道は終わり、直角に左折して尾根を直上する山道に入る。便宜上ここを歩道入り口とするが、さほどはっきりしたものではなく、標識などもない。下山時は見落として直進しないよう注意したい。

　ここから主稜線までの標高差は約650メートル。多少の緩急はあるが基本的に展望の利かない針葉樹林の急登続きである。しかし、林床を覆うコケが美しく、立派なトドマツも見られていい雰囲気だ。所々にハクサンシャクナゲの大きな株も目立つ。ただし、全体に尾根は痩せ気味で、左右が切れ落ち

二等三角点のある狭い頂上

主稜線上をゆく。背後は北見方面

山頂から北西方面の眺望。足元は上支湧別

た所もあるので油断はできない。

標高1300メートルを超えるとダケカンバが出てきて、左手上の方に見えていた稜線が次第に肩を並べてくる。やがて道はひときわ急になり、これをひと頑張りすると主稜線である。

道は右に進路を変え、稜線南側の斜面を緩やかに登ってゆく。小規模ながらもツガザクラ類やチシマノキンバイソウ、トウゲブキなどが咲くお花畑が、ここまでの急登を癒やしてくれる。最後に小さな岩峰を登れば頂上である。

その瞬間は劇的だ。重量感たっぷりの武利岳や表大雪をはじめとする西側の大展望が一気に展開するのである。周囲が急斜面となった狭い頂上だけに、高度感あふれる展望が素晴らしく、時がたつのを忘れてしまうことだろう。

武利岳の大きさが目を引く南側の展望

表大雪は南西の方角にやや距離をもって眺められる

1759m

武華山《むかやま》

国道39号石北峠の北見寄りから

旧石狩と北見両国を分ける石北峠から、北に延びる国境稜線上の山である。中央高地にあっても訪れる登山者は少なく、頂上からは表大雪、東大雪の見事な展望が楽しめる。

山名は無加川源流部にあることによるが、ムカの意味は「ふさがる川」または水源が温泉で「川が凍らずに流れる」の説がある。

台風などの被害により、2本あった登山道のうち1本が通行不能、またアプローチの林道も途中で通行止めとなっている。

東尾根コース

道東から大雪山まで展望開ける稜線

■特記事項

2016年の台風災害により、アプローチの林道が崩壊。19年秋現在、登山口手前約1・8キロで通行止めとなっている。また2本ある登山道のうち、ライオン岩コース（分岐〜ライオン岩間）も倒木・崩壊等により通行不可となっている。紹介する東尾根コースは特に被害は見られなかった（18年秋の取材時）。

林道は複数箇所で大規模に崩壊し、歩いて入山する場合は崩れた斜面の通過や渡渉など十分な注意を要する。所要時間は往復ともに40分ほど。登山口からのグレードは右記の通り。通行止め地点からは険しさと迷いやすさの要素が加算され、60点（中級）となる。

●登山口から

体力（標高差）	40点
登山時間加算	D
高山度（標高）	A
険しさ	D
迷いやすさ	D
総合点50点（初級）	

■交通

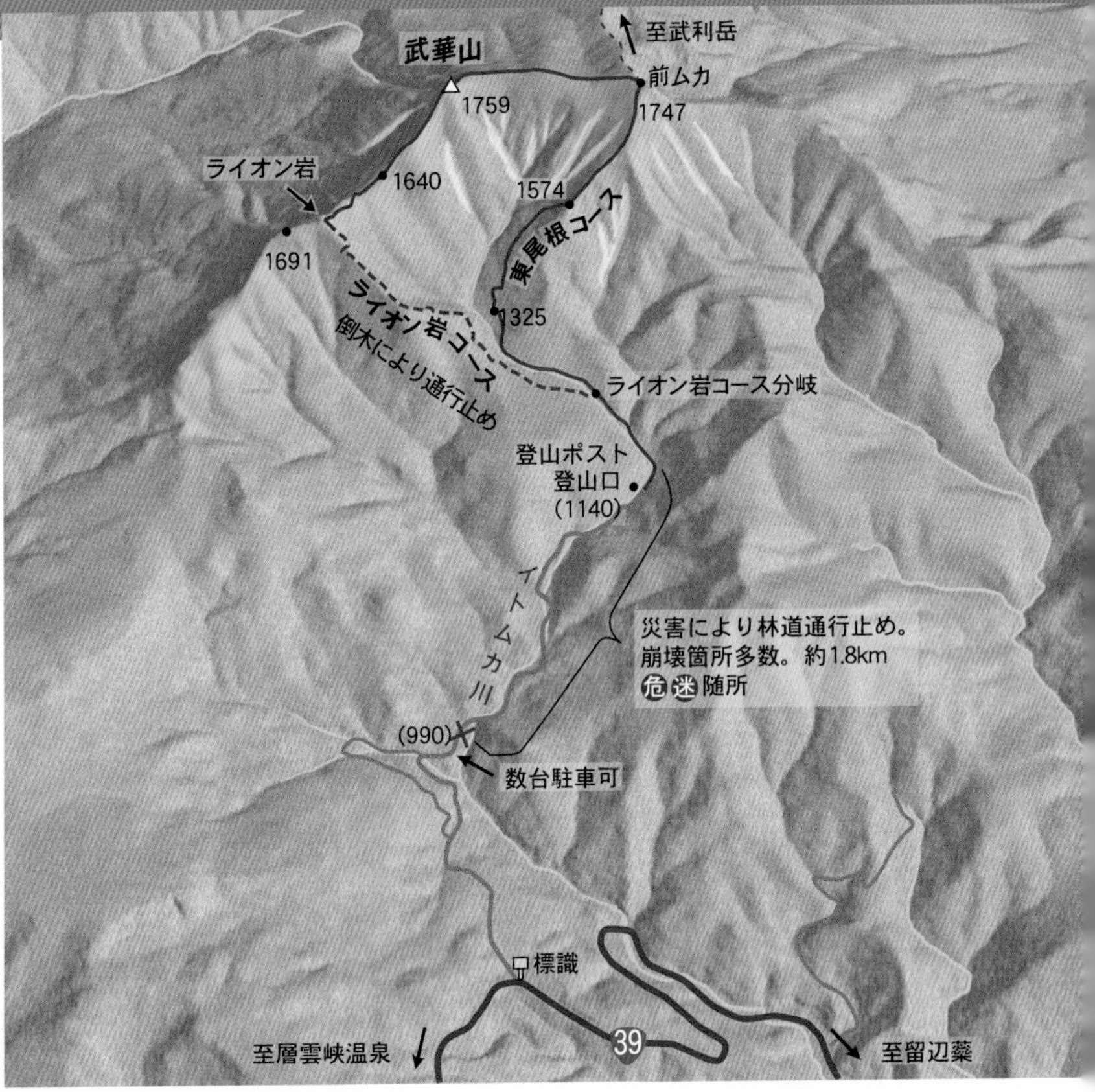

林道通行止め地点と駐車スペース

強いて利用できる手段を挙げれば、層雲峡からのタクシー（層雲峡観光ハイヤー☎01658-5-3221）だろう。層雲峡までは「朝陽山」（120ページ）の項を参照のこと。

■マイカー情報

国道39号石北峠の北見側1・7キロ地点からイトムカ川沿いの林道に入る。入り口に標識あり。約1・5キロで通行止め。付近に数台分の駐車スペースがある。

流失した林道跡を渡渉する

林道を歩き始めてすぐの大規模な崩壊地

沢から離れ、斜面を登ってゆく

登山口。登山ポストや標識は健在だ

■コースタイム（日帰り装備）

登山口 0:20↓ 0:20↑ ライオン岩コース分岐 1:20↓ 1:00↑ 前ムカ 0:30↓ 0:30↑ 武華山

標高差　約680メートル

登り　2時間10分

下り　1時間50分

■ガイド（撮影　9月19日）

登山口は荒廃した林道の終点。ここからイトムカ川左岸に沿った作業道跡に入る。ほどなく右股から土砂が押し出された二股となるが、前方の黄色い保安林の看板を目印に進めば本流（左股）に沿って道が現れる。木々の間に滑滝を見るとライオン岩コース（通行不能）分岐で、東尾根コースはそのまま左岸沿いを直進する。

道は徐々に沢から離れ、斜上す

そう思って見れば確かにライオンだ!?

1574m 標高点の下の急登
から稜線を見る

張り出したハイマツが顔や
ザックに引っかかる

るように登ってゆく。正面には武華山の稜線が見えはじめ、元気が湧いてくるだろう。やがて右にカーブして急な登りとなるが、汗をかく間もなく前ムカから延びる尾根上の1574《メートル》標高点に立つ。

　周囲はダケカンバ林からハイマツ帯へと変わってゆく。丈が高く、また片側からのみ枝が張り出

北見富士（中央左）から阿寒方面の眺め

クマネシリ山塊やライオン岩を見ながら前ムカへ

前ムカを後に武華山へ向かう

前ムカから見る武利岳

すので、体をねじりながらの前進だ。その丈が低くなってくると視界を遮るものがなくなり、大展望をほしいままにハイマツの海をゆくようになる。右手は北見富士から遠く阿寒の山、背後にはクマネシリ山塊からウペペサンケ山、石狩連峰、そして谷を挟んだ対面にはりりしく前方をにらむ（?）ライオン岩。次第に傾斜は緩み、無意識のうちに足取りが軽くなる。

登り着いた平たいピークは前ムカである。道はここで二手に分かれ、武華山へは左へ進む。右は次項で紹介する武利岳へ向かう。

前ムカからいったん緩く下り、再び背の高いハイマツを避けながら稜線のやや右を登り返してゆく。岩の露出した小ピークからは、目の前に山頂、その背後に表大雪、右に武利岳が大きい。左にカーブする尾

山頂へのフィナーレは表大雪の展望を楽しみながらの稜線歩き

根を緩く上り下りすれば、ほどなく岩が積み重なった山頂だ。展望はここまで見てきた通りだが、突出したぶん眺めは爽快である。
なお、山頂側からライオン岩までの往復は可能とのことだが、未整備かつ利用者は少ない。

武華山頂上と武利岳

1876m

武利岳《むりいだけ》

大雪山赤岳から

武利岳と武華山は名が似ており、直線で3キロ余りを隔てた隣同士の山であることから、ペアで扱われることが多い。

稜線はやせて鋭く、大雪山系としては峻険《しゅんけん》な山容である。登山者は少なく静かな登山が楽しめるうえ、晴れた日はオホーツク海まで望むことができる。

ただし、一般的だった丸瀬布からのコースは不通となって久しく、復旧の見込みもない。武華山側からの往復が唯一のルートとなる。

前ムカコース

武華山側から長い往復縦走で

■特記事項

丸瀬布コースは丸瀬布側の道道、および国道39号側の大規模林道で長期間通行止めが続き、復旧の見込みもない。また、登山道の整備も行われていないため、事実上利用は不可能である。

●武華山登山口から

体力（標高差）	45点
登山時間加算	C
高山度（標高）	A
険しさ	B
迷いやすさ	A
総合点75点（上級）	

ここに紹介する前ムカからの往復縦走は、行政機関が「関知していない」とする道で、定期的な整備等も行われていない模様である。利用の際は、不明瞭な箇所や危険箇所があることに加え、前項の武華山の崩壊林道を歩くことも含めて慎重に検討してほしい。

なお、右記コースグレードは武華山登山口起点のもの。林道通行止め地点からは、必要体力（標高差）の要素が加算され、80点（上級）となる。

前ムカの分岐を右へ。道標などはない

■交通、マイカー情報
「武華山」（166㌻）に同じ。

■コースタイム（日帰り装備）
武華山登山口 1·40↓ 1·20↑ 前ムカ 1·40↓ 1·10↑ 最低鞍部 0·50↓ 1·10↑ 武利岳

前ムカ付近から見る武利岳。手前に延びる稜線を目指す

最低鞍部付近はやぶこぎの覚悟を

ハイマツ帯まで登ると道は明瞭に

獲得標高差　約1050メートル
登り　4時間10分
下り　3時間40分

■ガイド（撮影　9月19日）

このコースは縦走路の往復と言えるもので、行きと帰りで所要時間に大差がないうえ、帰りも累積で300メートルほどの登りがある。道は全般的に割と明瞭だが、最低鞍《あん》部《ぶ》付近はササに埋もれてほぼ消えている。悪天や道迷いなどで時間がかかることも想定して臨みたい。

頂上への稜線は快哉《かいさい》を叫びたくなる気持ちの良さ

山頂付近から見る表大雪

最後はニセピークの先に頂上が現れる

前ムカまでは前項の武華山を参照のこと。前ムカの分岐を右に入ると、視界が開けて目指す武利岳が姿を見せる。その堂々たる姿は、この山域にこれほどの山があったのかと感動を覚えるほどだ。と同時に目の前の鞍部は深く、山頂の遠さを予感させもする。

その鞍部に向かってハイマツ帯を下ってゆく。次第に傾斜が増し、ダケカンバ林に入ると一気に高度を下げる。草付きやかん木で分かりにくいが、右側は垂直に切れ落ちた崖が続き、道は時折その縁をたどる。踏み外したりしないようくれぐれも注意したい。

やがて斜度が緩み、周囲はササ原となる。はじめのうちは薄いながらも踏み跡があり、テープの目印も付いているが、最低鞍部付近からあやしくなってくる。登りに

山頂を後に帰途につく。武華山の背後に石狩連峰(右)、さらにニペソツ山、リペペサンケ山も見える

山頂の先に続く丸瀬布コースが復活する日は来るのだろうか

入っても目標物に乏しく、倒木などでルートを見失うとやぶこぎ状態だ。視界の悪い日は要注意である。

高度が上がってササが薄くなると再び踏み跡が現れ、ハイマツ帯に入るとはっきりした道となる。登るほどに展望が開け、左には表大雪が姿を見せる。また背後には稜線の崖が険しく、あんなところを下ってきたのかと思うだろう。

登り切った所は武利岳から南に延びる稜線上である。ここからはハイマツと高山植物が織りなすアルペンムードの岩稜が続く。最後に標高差150《メートル》ほどを直登すればそこは頂稜の一端である。

振り返れば武華山からの行程がダイナミックに眺められ、その背後の東大雪から表大雪、北大雪、さらに北見盆地から阿寒まで遮るもののない展望が広がっている。

十勝連峰

オプタテシケ山の登りから美瑛岳方面を見る

岳　　十勝岳　　上ホロカメットク山

十勝連峰のあらまし

火山活動

中央高地に活火山はいくつかあるが、その中で最も活発なのが十勝岳を中心とする地域である。十勝岳山頂付近と上ホロカメットク山基部の安政火口（旧噴火口）だ。

歴史に残っている十勝岳の噴火は次のとおりである。

1857（安政4）年5月
1887（明治20）年6月
1926（大正15）年5月
1962（昭和37）年6月
1988（昭和63）年12月

この中で最も被害が大きかったのは1926年の噴火だ。最初の爆発で発生した泥流が、畠山温泉（今の白金温泉）を埋めた。その4時間後の爆発で中央火口丘の北西側が崩壊して岩屑《がんせつ》雪崩が発生。硫黄鉱山事務所をのみ込み、さらに積雪を溶かして泥流となり、美瑛川と富良野川を猛スピードで流下した。この泥流が25キロ離れた上富良野原野に到達するのに要した時間は25分だったというから、平均時速は60キロだったことになる。恐るべき速度だ。

この噴火により美瑛、上富良野の2村落で144人が死亡、372棟が倒壊、家畜64頭、602羽を失った。被害のほとんどは泥流によるものであった。三浦綾子の長編「泥流地帯」は、この噴火をモチーフにしたものだ。

さらに3カ月後に再び爆発が起き、火口付近で2人が行方不明に

オプタテシケ山　べベツ岳　石垣山　美瑛富士

なっている。

62年の噴火は、年配の読者なら多くが記憶していることだろう。6月29日に大爆発を起こし、噴煙は垂直に1万2000メートルにまで上昇。遠く札幌方面からも見えたほどだ。その後も弱まりながらも8月末まで爆発を続けた。

この噴火は早くから異常現象が続いていたため、噴火が起こることは予知されていたが、それでも大正火口付近の宿舎に泊まっていた硫黄鉱山の職員5人が死亡し、11人が負傷した。このとき、58年に建てられ、登山者に愛用されていたシュナイダーハウスも岩石塊で埋められてしまった。最初の水蒸気爆発による噴出物の落下による被害である。

最も最近の爆発は88年12月16日から続いた小爆発だ。3年前から前兆現象が続き、警戒されていた。小規模な爆発が何度か起こり、泥流が距離にして1・5キロ、十勝岳避難小屋の手前150メートルまで流下した。安全確保のため白金温泉は長期間にわたって避難が続き、ホテルが閉鎖するなど社会的な影響も大きかった。

■登山規制

このような活火山であるから、折に触れて登山規制が実施されている。85年ごろから十勝岳の前十勝コースの利用が禁止された。62年噴火でできた62-Ⅱ火口の縁を通るコースが崩壊の恐れがあるというのが主な理由だ。

88年噴火でも登山規制が行われ、十勝岳、美瑛岳、三段山が全面的に登山禁止となった。この規制は90年6月まで続いた。

現在、十勝岳は気象庁による常

活動中の火山であることを常に忘れないよう

時観測火山の対象として、24時間体制で監視されている。登山の際は必ず事前に噴火警戒レベルを確認するようにしよう。

■登山基地

十勝連峰の登山口は主に西側、すなわち美瑛・上富良野側に位置している。東側は十勝岳・新得コース、南側は富良野岳・原始ヶ原コースがあるのみだ。

▼びえい白金温泉と望岳台

十勝連峰の最大の登山基地である。かつては10軒ほどの宿泊施設があったが、現在は4軒のホテル・旅館と1軒のゲストハウスがある。昔も今も山間の静かな温泉でいわゆる繁華街はない。近くには国立大雪青少年交流の家（宿泊研修施設）と2カ所のキャンプ場もある。

十勝岳、美瑛岳を目指すには標高９３５メートルの望岳台が事実上のスタート地点となる。かつてはバス路線があったが、マイカーの普及で廃止された。また味のあるレストハウスも立派な防災シェルターに変わった。マイカー登山には便利だが、バス利用者は白金温泉から約1時間余計に登らなければならない。次に述べる白銀荘からの入山も検討するとよいだろう。

▼吹上温泉白銀荘

１９３２（昭和7）年に北海道庁が建てた山小屋で、近年新築されて近代的な温泉宿泊施設（素泊まりのみ）となった。近くには吹上温泉露天風呂がある。三段山登山口、望岳台方面への連絡路があり、キャンプ場も隣接、さらに上富良野からのバス便もある。下山後の日帰り入浴客が多いが、登山基地としてもひそかに利用価値は高い。

美瑛岳のお花畑

休憩もできる望岳台防災シェルター

▼十勝岳温泉

上富良野市街から約18キロの位置にあり、3軒の宿が点在する。最も高い位置にある凌雲閣は標高1270メートルで、富良野岳の登山口、公共駐車場も隣接している。この高度から登山を開始できるのは、登山者にとって大きな魅力だ。

1・3キロ下に国民宿舎カミホロ荘、2・6キロ下にホテル「思惟林」がある。

■登山道の状況

十勝連峰はほぼ全域が大雪山国立公園の特別保護地区に指定され、登山道は全体によく整備されているといってよい。しかし、火山灰地が広がる十勝岳周辺などでは踏み跡が薄いところもあり、特に視界不良時は注意が必要だ。また、山中にトイレはないので携帯トイレを持つようにしよう。

■植物

火山活動が今なお続いているために、茶褐色の山肌を露出している山が多い。

その中で早い時期に火山活動が収まった富良野岳は最も緑が濃く、高山植物も豊富だ。珍しい種も多く、フタマタタンポポ、エゾルリソウ、コイワカガミなどの希少種が見られる。これらの「花見」を目的に富良野岳に登る人も多い。

砂れき地帯の高山植物は、十勝岳一帯の稜線を除いてほぼ全山に生育し、キバナシャクナゲ、エゾツガザクラ、コメバツガザクラ、ミネズオウなどが代表的だ。

上ホロカメットク山避難小屋付近や美瑛岳上部の雪渓を中心とする地帯にはお花畑も展開しており、十勝連峰の緑のオアシス的存在となっている。

十勝連峰

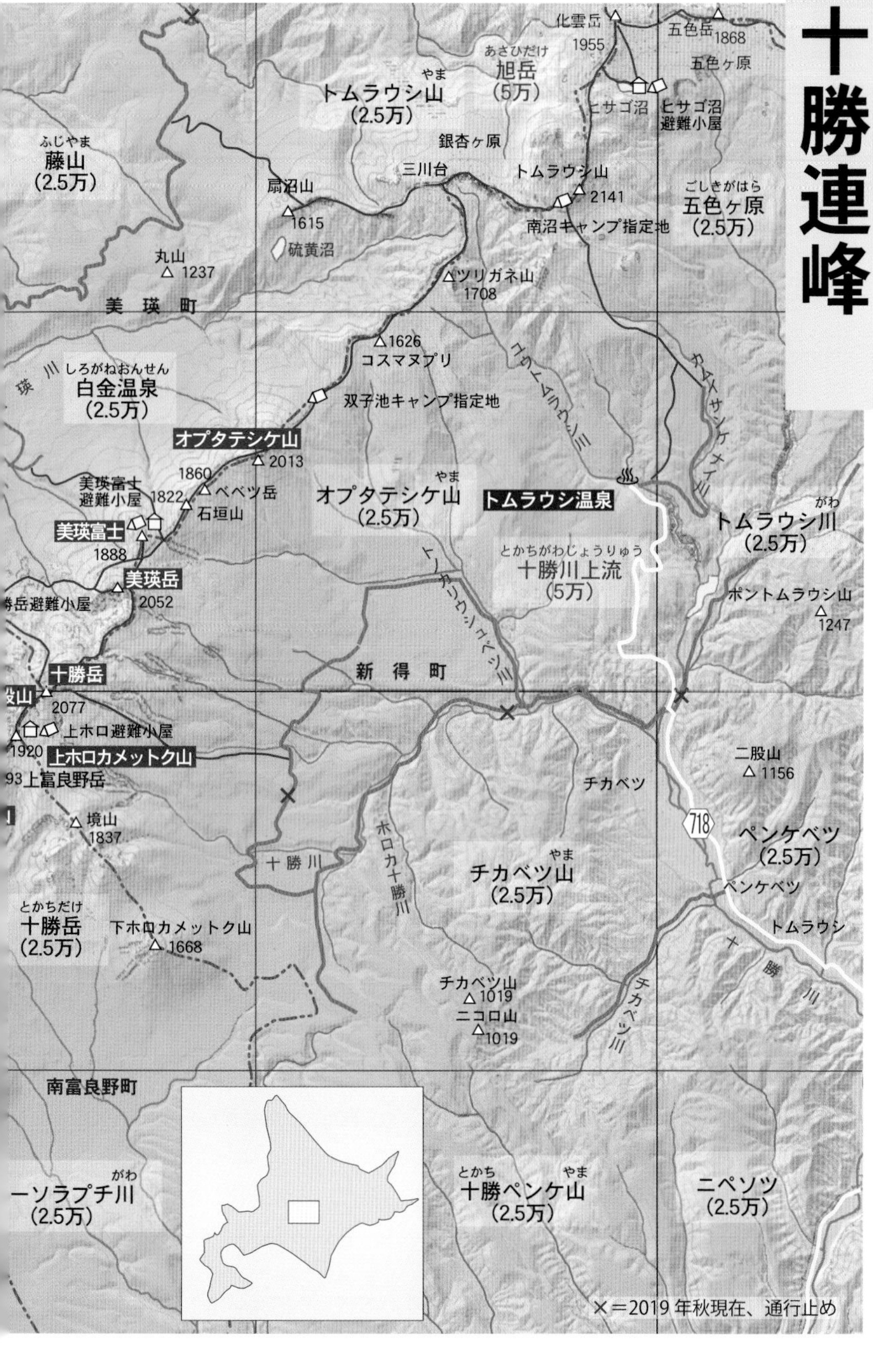
化雲岳
1955
五色岳
1868
五色ヶ原
旭岳《あさひだけ》
(5万)
トムラウシ山《やま》
(2.5万)
ヒサゴ沼
ヒサゴ沼
避難小屋
銀杏ヶ原
藤山《ふじやま》
(2.5万)
三川台
トムラウシ山
2141
扇沼山
1615
五色ヶ原《ごしきがはら》
(2.5万)
南沼キャンプ指定地
硫黄沼
丸山
1237
ツリガネ山
1708
美　瑛　町
1626
コスマヌプリ
瑛　川
白金温泉《しろがねおんせん》
(2.5万)
双子池キャンプ指定地
ユウトムラウシ川
カムイサンケナイ川
オプタテシケ山
2013
1860
美瑛富士
避難小屋
1822
ベベツ岳
石垣山
オプタテシケ山《やま》
(2.5万)
トムラウシ温泉
トムラウシ川《がわ》
(2.5万)
美瑛富士
1888
十勝川上流《とかちがわじょうりゅう》
(5万)
美瑛岳
2052
トノカリウシュベツ川
ポントムラウシ山
1247
勝岳避難小屋
十勝岳
新　得　町
2077
上ホロ避難小屋
1920
上ホロカメットク山
二股山
1156
93上富良野岳
チカベツ
境山
1837
718
ペンケベツ
(2.5万)
十勝川
ホロカ十勝川
チカベツ山《やま》
(2.5万)
ペンケベツ
十勝岳《とかちだけ》
(2.5万)
下ホロカメットク山
1668
トムラウシ
十勝川
チカベツ山
1019
ニコロ山
1019
チカベツ川
南富良野町
ーソラプチ川《がわ》
(2.5万)
十勝《とかち》ペンケ山《やま》
(2.5万)
ニペソツ
(2.5万)
×＝2019 年秋現在、通行止め

美瑛《びえい》
(5万)
志比内《しびない》
(5万)
置杵牛
置杵牛《おききにうし》
(2.5万)
美瑛川
美馬牛
824
70
美馬牛《びばうし》
(2.5万)
美瑛町
双葉
二股
妙見
日新
清富
草分
353
966
581
白金温泉
日の出
江花
上富良野
上富良野町
富良野川
旭野
富良野線
上富良野《かみふらの》
(2.5万)
旭野《あさひの》
(2.5万)
ヌッカクシ富良野川
西中
291
吹上
ベベルイ川
237
富良野《ふらの》
(5万)
十勝岳《とかちだけ》
(5万)
中富良野
十勝岳
富良野
報徳
298
旭岳
1335
鹿討
本幸
前富良野岳
1625
富良野川
旭中
本幸《ほんこう》
(2.5万)
学田
中富良野町
富良野《ふらの》
(2.5万)
富丘
鳥沼
トウヤウ
富良野
253
布部川
布礼別
八幡丘
麓郷《ろくごう》
(2.5万)
富良野市
布部《ぬのべ》
(2.5万)
西達布
(5万)
麓郷
544
布部川
布部
山部《やまべ》
(5万)
0
5
10km

2077m

十勝岳《とかちだけ》

美瑛岳から

十勝連峰の最高峰であり、連峰では最も火山活動が活発な山だ。登山の対象としてより、数十年周期で爆発を起こす恐ろしい山としての印象を持つ人も多いだろう。

直近では1988年に小規模な噴火を起こし、90年まで十勝岳を中心に広範囲で登山禁止となった。

それ以降、激しい噴火はないが、噴煙高の高い状態や火山性地震の増加など、活動の活発化を示唆する現象は近年も続いている。入山時は火山情報に十分注意したい。

グラウンドコース

灰色の斜面を登り火口の横を通って

■交通

登山口の望岳台まで直接入れる公共交通機関はない。ＪＲ旭川駅発、美瑛駅経由の道北バス（１日数便、☎０１６６－23－４１６１）で白金温泉に入り、そこから徒歩でハイキングコースの「白金コース（約３・７キロ、約１時間10分）」を経由して望岳台へ。または美瑛市街、白金温泉（要迎車料金）から美瑛ハイヤー（☎０１６６－92－１１８１）が利用できる。

なお、公共交通利用の場合は、ＪＲ上富良野駅発のバスが利用できる吹上温泉白銀荘からのルート（１９４ページ）も併せて検討されたい。

■マイカー情報

登山口の望岳台までは、上富良野市街から道道２９１号、９６６

体力（標高差）	45点
登山時間加算	C
高山度（標高）	A
険しさ	C
迷いやすさ	C
総合点65点（中級）	

望岳台の登山口を出発。山頂は頭だけがちょこんとのぞいている

雲ノ平分岐から望岳台を振り返る

望岳台駐車場と防災シェルター

号経由で約23キロ、または美瑛市街から道道966号経由で約25キロ。駐車場は50台以上のスペースがあるが、シーズン中は早朝から混雑する。水道とトイレは駐車場前の防災シェルターが利用可能。

■国設白金野営場、美瑛自然の村キャンプ場

どちらも白金温泉エリアにあり、バンガローもある。

▼開設期間＝6月上旬～9月下旬（白金）、7月上旬～8月下旬（自然の村）。ともに有料。

▼管理連絡先＝美瑛町経済文化振興課☎0166-92-4321、0166-94-3209（白金現地）、0166-94-3415（自然の村現地）

■国立大雪青少年交流の家

白金温泉の奥にある研修施設で、2名以上で宿泊できる（食事

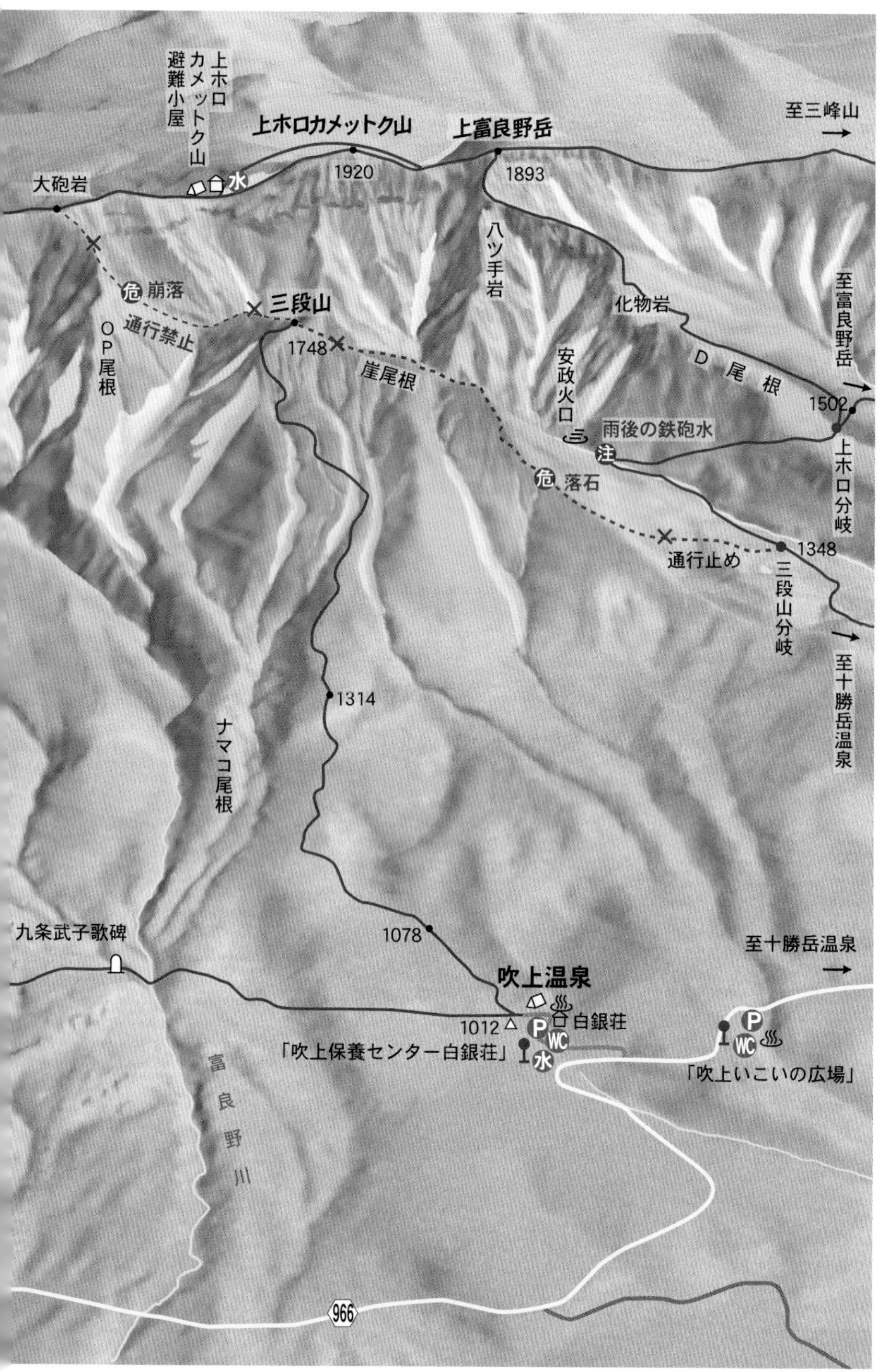

上ホロカメットク山避難小屋
上ホロカメットク山
1920
上富良野岳
1893
至三峰山
大砲岩
水
八ツ手岩
崩落
通行禁止
三段山
1748
崖尾根
OP尾根
化物岩
安政火口
D尾根
至富良野岳
1502
雨後の鉄砲水
注
上ホロ分岐
落石
通行止め
1348
三段山分岐
至十勝岳温泉
1314
ナマコ尾根
1078
九条武子歌碑
至十勝岳温泉
吹上温泉
白銀荘
1012
P
WC
「吹上保養センター白銀荘」
「吹上いこいの広場」
富良野川
966

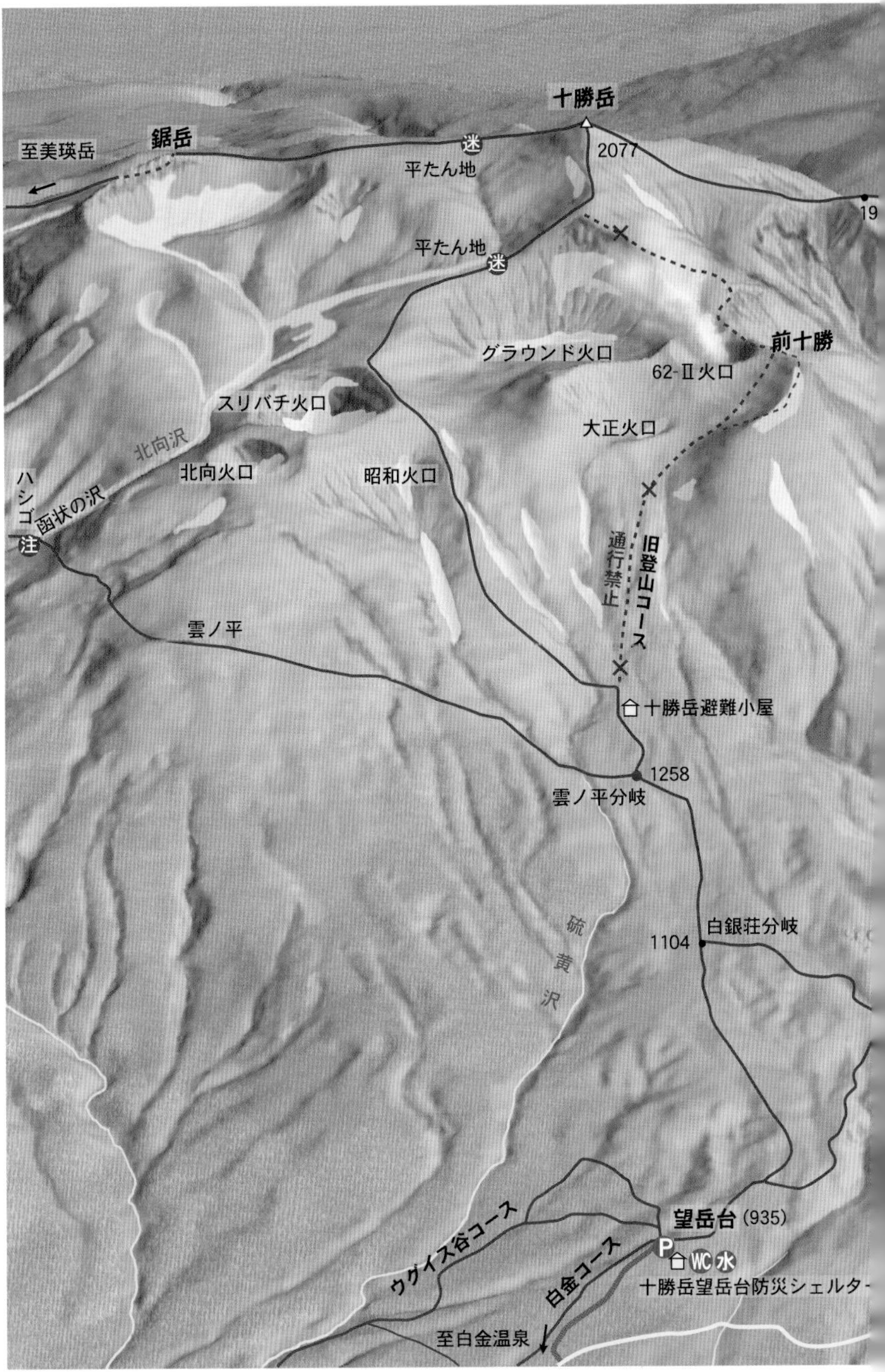

十勝岳
2077
鋸岳
至美瑛岳
迷
平たん地
平たん地
迷
19
前十勝
グラウンド火口
62-Ⅱ火口
スリバチ火口
大正火口
北向沢
ハシゴ
北向火口
昭和火口
函状の沢
注
通行禁止
旧登山コース
雲ノ平
十勝岳避難小屋
1258
雲ノ平分岐
硫黄沢
1104
白銀荘分岐
望岳台 (935)
ウグイス谷コース
白金コース
WC
水
十勝岳望岳台防災シェルター
至白金温泉

雲ノ平分岐から十勝岳への道に入る

防災用品が備わる小屋内部

休憩にも使える避難小屋

手まりのようなマルバシモツケ

付き）。☎０１６６‐94‐３１２１
その他、白金温泉には４軒のホテル、旅館などがある。びえい白金温泉観光組合☎０１６６‐94‐３０２５

■ **コースタイム**（日帰り装備）

望岳台 ―1:00↓ 0:40↑― 雲ノ平分岐 ―1:20↓ 1:00↑― スリバチ火口 ―1:10↓ 0:40↑― 十勝岳

標高差　約１１５０メートル
登り　３時間30分
下り　２時間20分

ザレ場が続くスリバチ火口への登り

グラウンド火口(右)とスリバチ火口の間をゆく。宇宙映画の1シーンのよう

■ **ガイド**（撮影　7月7日）

望岳台は標高約930メートル。正面には目指す十勝岳を中心とした十勝連峰の山々がずらりと並ぶ。そこから足元へと続く緩やかで平たんな斜面は、過去の噴火の際に大規模な泥流があった跡である。

そんな噴火に備え、長年親しまれてきたレストハウスは、頑丈なシェルターに建て替えられた。24時間開放で、平常時はトイレや休憩所、水道が利用できる。ただし

メアカンキンバイ

頂稜への登りから広々としたグラウンド火口を見下ろす

山頂を見ながら火山灰の台地をゆく。踏み跡を外れないように

宿泊は不可である。玄関に登山ポストがあるので記入していこう。

　登山口は駐車場の右手になる。一見、殺伐とした火山れきの斜面にイソツツジやミネヤナギ、マルバシモツケなどが多く、7月にはかわいらしい花で彩られる。

　吹上温泉への分岐を過ぎ、徐々に斜度が増してくると雲ノ平分岐である。十勝岳へは直進、左は雲ノ平を経由して美瑛岳へ至る。

　一段高い所に立つ十勝岳避難小屋の脇を抜け、その先で左に折れる。直進する前十勝経由の道は通行禁止となって久しい。涸《か》れ沢を渡り、火山れきに覆われた尾根に取り付いたら、あとはスリバチ火口までひたすら登り続けることに

美瑛岳を背に頂稜へのガレ場を登る。右奥にはうっすらと表大雪も

なる。生命の気配を感じさせない荒涼とした斜面に黄色い花を揺らすのはメアカンキンバイだ。

足元はガレて歩きにくく、登るほどに傾斜が増して息が切れるが、ここは頑張りどころである。頭上のスカイラインが徐々に近づき、やがてふっと周囲が開けると、そこはもう火口群のど真ん中。左は蟻《あり》地獄のような口を開けるスリバチ火口とその背後に美瑛岳の全貌、右には巨大な窪地状のグラウンド火口が広がり、62―Ⅱ火口の噴煙が立ち上る。そして正面に立ちはだかる円錐《えんすい》形の十勝岳山頂―。地球のドラマとある種の畏れを感じながら、グラウンド火口の縁をたどって山頂基部へと向かう。平たんで歩きやすい半面、目標物に乏しく、ガスなどで視界が悪いと道を見失いやすい。いったんルート

頂稜から見下ろす活動中の62-Ⅱ火口

岩が積み重なった山頂。三角点はない

を外れると、どこを歩いているのか分からなくなってしまうのだ。

山頂から西に延びる稜線の下まで来たら、いよいよ最後の登りである。ガレた急斜面をペンキ印に従って登っていくが、踏み跡が錯《さく》綜《そう》し浮き石も多い。前後には登山者が続くので落石に注意しよう。

頂稜まで登り切ると噴煙を上げる62—Ⅱ火口をはじめ、いくつもの火口を俯瞰《ふかん》的に見渡せる。ここまで来たら頂上はあと一息だ。ガイドロープに沿って最後の稜線を詰めていこう。

十勝連峰の最高峰だけあって、山頂からの眺めは非常によい。美瑛岳ごしにオプタテシケ山の頭がのぞき、その右にトムラウシ山、左には表大雪が見える。きびすを返せば上ホロカメットク山へと続くモノトーンの稜線と緑に覆われ

山頂から富良野岳方面の展望。中央の崖は安政火口の火口壁

山頂から見た美瑛岳

た富良野岳の対比が印象的。眼下に見える白金温泉の右に広がる草地は白金模範牧場である。いつまでも見飽きない展望だが、頂上は意外と狭い。滑落などに注意するとともに、後から登ってくる登山者に場所を譲ることとしよう。

富良野川源流部を渡る。増水時は注意

コース半ばから三段山方面を見る

白銀荘から十勝岳へ

バス、キャンプ場、温泉が使える登山口

■**イラスト地図は**「十勝岳」（186－187ページ）参照。

■**交通**

JR上富良野駅から上富良野町営バス（☎0167－45－6980）十勝岳温泉行きに乗り、吹上保養センター白銀荘下車。1日3便。上富良野市街から十勝岳ハイヤー（☎0167－45－3147）、上富良野ハイヤー（☎0167－45－3145）も利用可能。

■**マイカー情報**

上富良野市街から十勝岳温泉に向かい、吹上温泉分岐を左折、約2キロで白銀荘。広い駐車場あり。

■**宿泊、キャンプ場**は197ページの囲み記事を参照のこと。

奇岩とハイマツを縫ってゆく。正面の山は富良野岳

九条武子の歌碑

■コースタイム（日帰り装備）

白銀荘 ―0:40↓ 0:40↑― 白銀荘分岐 ―0:30↓ 0:20↑― 雲ノ平分岐 ―2:30↓ 1:40↑― 十勝岳

獲得標高差　約1090メートル
登り　3時間40分
下り　2時間40分

周囲が開け美瑛岳（中央）と美瑛富士（左）が見えてくる

望岳台からの道に合流

随所で群落を作るイソツツジ

■ガイド

（撮影 7月19日、10月1日）

体力（標高差）	45点
登山時間加算	C
高山度（標高）	A
険しさ	C
迷いやすさ	C
総合点65点（中級）	

吹上温泉の白銀荘はバスでアクセスできるうえに宿泊施設やキャンプ場、温泉があり、さらに十勝岳・グラウンドコースに合流できる。従来の本誌では散策路として「望岳台から白銀荘へ」と紹介していたが、本改訂版から十勝岳の一登山口として白銀荘起点で紹介する。グラウンドコースのサブプランとして考えてもらうとよいだろう。

登山口はキャンプ場の左奥にある。山裾を横切るように針葉樹林のなかを直線的に進み、高床式の観測施設、十勝岳爆発記念碑の前を通り過ぎると、富良野川に出る。

吹上温泉保養センター白銀荘《はくぎんそう》

大きな露天風呂をはじめ各種浴槽を備えたロッジ風宿泊施設。部屋は相部屋で2段ベッドと大部屋があり、定員は70人。食事の提供はなく、自炊施設が完備されている（食材や箸は持参のこと）。予約は電話でのみ受け付ける。

▶日帰り入浴　10～22時、大人700円
▶宿泊料　大人3100円
▶自炊設備　有料ガスコンロ、炊事器具、食器
▶問い合わせ・予約先
☎0167-45-4126（現地）

日帰り入浴もできる白銀荘

●キャンプ場

▶場所　白銀荘の隣接地
▶開設期間　通年
▶サイト数　約80張
▶使用料　有料
▶申し込み　白銀荘フロント

十勝連峰を見渡せるキャンプ場

水量はそこそこあるが、平常時は登山靴のままで渡れる。増水時は危険なので無理せず引き返そう。

周囲は溶岩流の奇岩とハイマツが織りなす天然の庭園となり、足元にはシラタマノキやイソツツジ、イワブクロなどが彩りを添える。突然、道の真ん中に現れるのは九条武子の歌碑である。

やがて広々とした泥流跡に出て、ブル道のような広い道に合流する。十勝岳は山側に右折する。左は望岳台に通じている。その後、道はカーブしながら2、3回分岐するが、道なりに進めば白銀荘分岐であり、望岳台からのグラウンドコースに合流する。これ以降は「十勝岳・グラウンドコース」（184ページ）を参照のこと。なお、この分岐から望岳台へは下り20分、登り30分ほどである。

第１お花畑からハイマツ墓場へ。石狩連峰（左）からニペソツ山の展望が開ける

新得コース
広大な森を背に歩くロングコース

■交通

利用できる交通機関はない。タクシーも入ってくれない。

■マイカー情報

台風による災害などにより、２０１６年からアプローチ林道の経路が以前と変わった。道道７１８号をトムラウシ温泉に向かい、富《と》村牛《むらうし》集落から約12㌔の曙橋を左折して十勝川に沿ったシートカチ支線林道に入るまでは従来と同じ。以降の新経路は次ページの地図を参照してほしい。曙橋から登山口までは約18・5㌔あり、道路状況は終盤でやや洗掘等が見られるが、取材時（19年秋）は普通乗用車で通行可能だった。大雨などにより通行止めとなることがあるので、事前に十勝西部森林管理署東大雪支署（☎０１５６４-２-２１４１）に確認しておくとよい。駐車スペースは登山口の約１００㍍手前の路肩に３、４台分。

体力（標高差）	45点
登山時間加算	C
高山度（標高）	A
険　し　さ	C
迷いやすさ	A
総合点75点（上級）	

登山口へは林道を100ｍほど

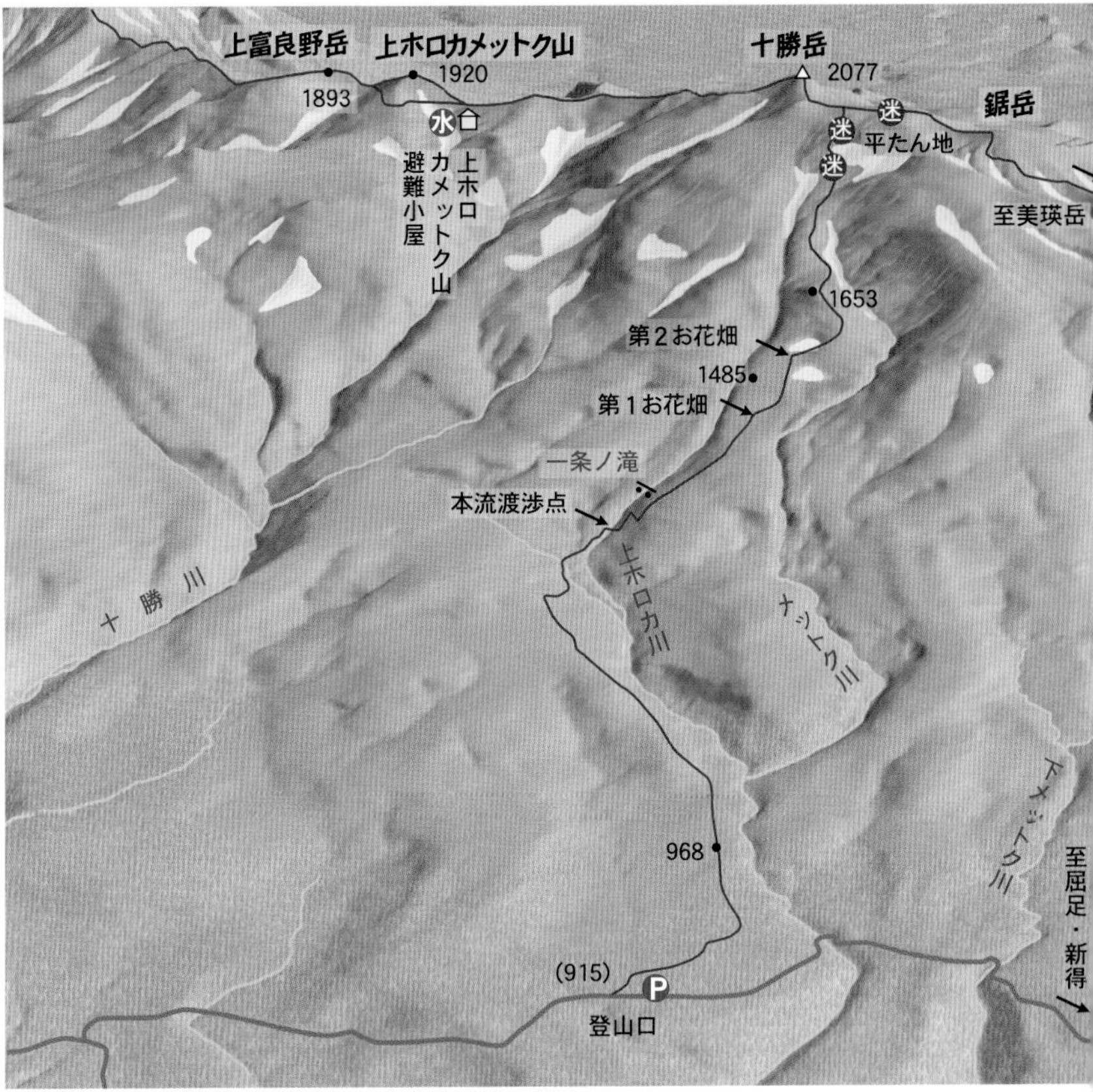

上富良野岳
1893
上ホロカメットク山
1920
十勝岳
2077
鋸岳
水
上ホロカメットク山
避難小屋
迷
平たん地
至美瑛岳
1653
第2お花畑
1485
第1お花畑
一条ノ滝
本流渡渉点
十勝川
上ホロカ川
ナイシトク川
下ナイシトク川
968
(915)
P
登山口
至屈足・新得

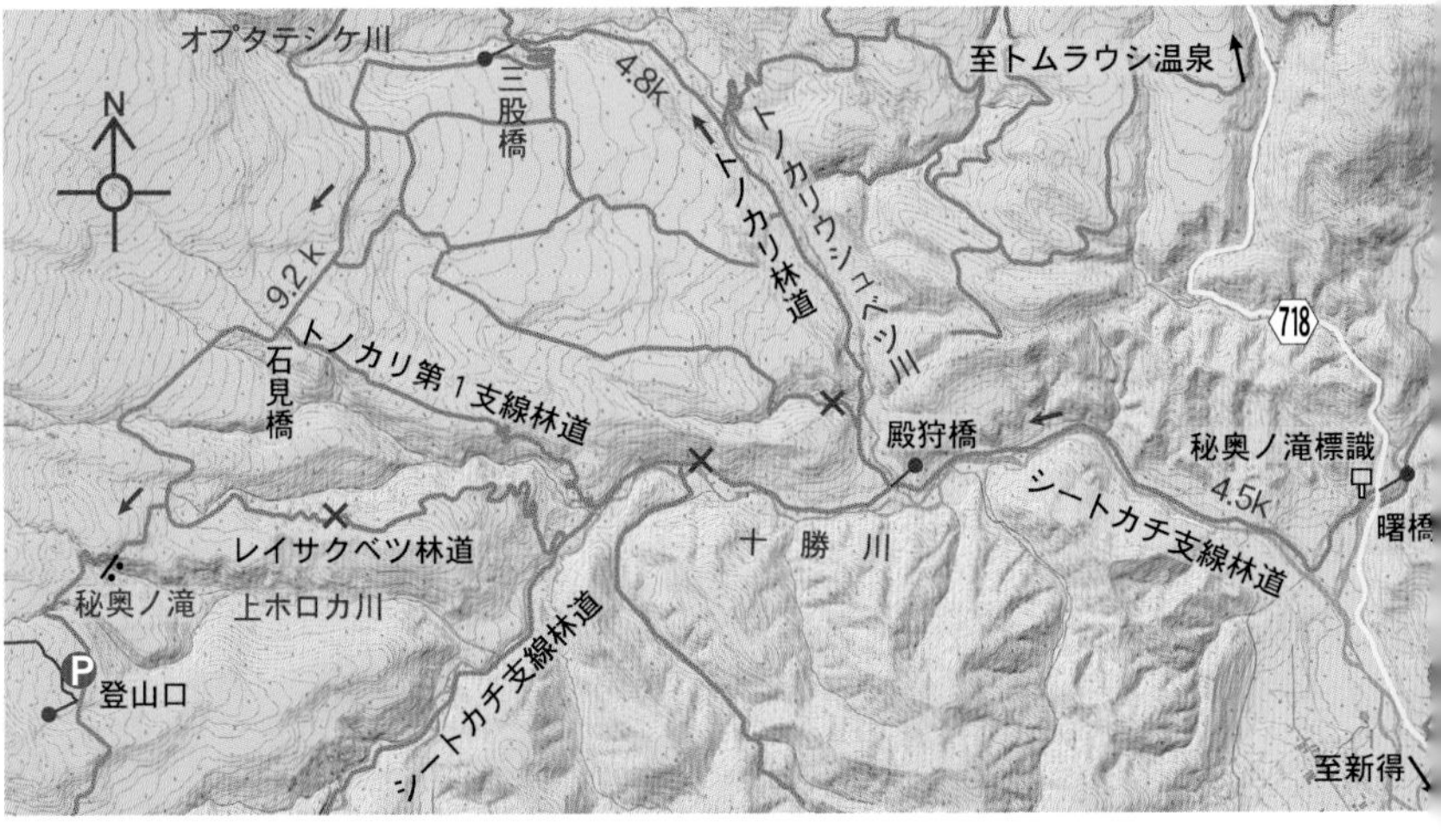

オプタテシケ川
三股橋
4.8k
トノカリ林道
トノカリウシュベツ川
至トムラウシ温泉
N
9.2k
トノカリ第1支線林道
石見橋
718
殿狩橋
秘奥ノ滝標識
4.5k
曙橋
シートカチ支線林道
十勝川
レイサクベツ林道
秘奥ノ滝
上ホロカ川
P
登山口
シートカチ支線林道
至新得

ササがかぶっても道ははっきりしている

登山ポストの設置された登山口

上ホロカ川本流を渡る。上流の滝（岩場）手前でハイマツ帯に入る

■**国民宿舎東大雪荘**

トムラウシ山登山口のトムラウシ温泉にある。

▼収容118人、通年営業、☎0156-65-3021

■**山の交流館　とむら**

富村牛集落にあるコテージ。☎0156-65-2000

■**湯宿くったり温泉レイク・イン**

新得市街から登山口への途上14キロ地点にある温泉ホテル。

▼収容109人、冬季休業、☎0156-65-2141

■**トムラウシ自然休養林野営場**

トムラウシ温泉から約700メートルのキャンプ場。有料。

▼開設期間＝7月～9月下旬。

▼問い合わせ、申込先　東大雪荘。

■**十勝ダムキャンプ場**

新得市街から登山口への途上、十勝ダム堤下にある。無料。

第1お花畑。右前方にルートが見つかる

えぐれて歩きにくいハイマツ帯

ハイマツ墓場越しに見る境山と下ホロカメットク山（左奥）

▼開設期間＝5月〜10月下旬。
▼問い合わせ先＝新得町役場産業課☎0156-64-0522

■コースタイム（日帰り装備）

登山口 ─ 1:20↓ 1:10↑ ─ 本流渡渉点 ─ 1:00↓ 0:50↑ ─ 第2お花畑 ─ 2:00↓ 1:20↑ ─ 十勝岳

標高差　約1165メートル
登り　4時間20分
下り　3時間20分

■ガイド（撮影　9月21日）

本コースは全長約8キロと長い上に、中盤からは火山灰と火山れきの斜面が広がり、踏み跡も希薄になる。視界が悪いときや初心者のみの行動は控えるべきだろう。

登山口を後にアカエゾマツとダケカンバの混成する森に入り、すぐに小沢を渡る。この道は常に整

9月下旬でも寒波が入れば雪が降る。左奥にニセピーク。1653 m 標高点から

備されているわけではなく、時折ササをこぐ場面もあるが、踏み跡は明瞭だ。傾斜は緩く、時間の割に距離を稼ぐことができる。

やがて周囲は背丈を超える深いハイマツ帯となる。一段上がると右手に展望が開け、十勝岳から美瑛岳、トムラウシ山までが見晴らせる。目指すピークはさほど高さを感じないが、まだまだ遠い。

再びハイマツ帯を進み、右に折れて上ホロカ川の支流に下る。緑に包まれた沢は細いながらも水量がある。その右岸をたどったのちに、飛び石伝いにこれを渡り、小さな尾根を越えて上ホロカ川本流の渡渉点に出る。今度は地肌がむき出しの開けた沢だが、水量は少なめで渡りやすい。

しばらく左岸をたどり、滝の手前でペンキ印に従って右手のハイ

広がる展望を背に、先々の目印を探しながら稜線に向かう

ニセピークの奥に頂上が見えた

マツ帯に入る。視界が利かない急登が続き、さらに足元は雨水でえぐられて非常に歩きにくい。しばし我慢の区間となるが、やがて斜度が緩むとハイマツ帯を飛び出して雪田跡の第1お花畑となる。ルートはカール状地形の右上に向かってペンキで示され、これを登りきるとハイマツが黒く炭化した広大な台地に出る。噴火の影響と思われるハイマツ墓場だ。

　このあたりから徐々に踏み跡が希薄になり、岩に記されたペンキや鉄杭に結んだテープを見失わないように進む。行き当たった草付きの急斜面は第2お花畑で、これも右手を斜上すると1653メートル標高点の丘に出る。一面火山灰の山肌は1本の草木もなく、無数の雨裂が独特の模様を描く。思わずぼうぜんとさせられる光景だ。

　左上方にはニセピークが見えているが、踏み跡はますます薄く、頼りは心細い目印だけだ。視界が悪い日は無理せず引き返そう。

　標高1800メートルを超えたあたりから左に斜上気味に登り、ニセピークの奥に本峰が見えてきたところで急斜面を直上して稜線に抜ける。ほどなく美瑛岳からの縦走路に合流し、あとは左に折れて頂上へと向かうだけである。

1912m

富良野岳《ふらのだけ》

望岳台付近から

十勝連峰の最南端に位置し、火山活動が早くに停止したため、連峰では最も緑の多い山である。

富良野はフラ・ヌ（においをもつ）の意味で、富良野川に硫黄が流れ込んでいるためだが、富良野岳を源頭にもつのはヌッカクシ富良野川である。

標高1270ｍの十勝岳温泉を登山口にもつため登山が楽で、さらに高山植物が豊富なこともあって、人気がある。裏側にあたる原始ヶ原コースも魅力がある。

十勝岳温泉コース

安政火口から花咲き誇る稜線へ

■交通

ＪＲ上富良野駅から上富良野町営バス十勝岳線に乗り、終点下車。上富良野市街から十勝岳ハイヤー、上富良野ハイヤーも利用可能。各連絡先は「十勝岳・白銀荘」の項（194ページ）を参照。

■マイカー情報

上富良野市街から道道291号で十勝岳温泉まで約20キロ。全線舗装。約40台分の無料駐車場がある。シーズン中は週末を中心に混雑する。トイレあり。

■十勝岳温泉 凌雲閣《りょううんかく》

登山口の一軒宿。素泊まりあ

登山口の駐車場と十勝岳温泉凌雲閣

ヌッカクシ富良野川を渡る

最初は観光客も散策している広い道

渡渉点を少し奥に行くと安政火口を見渡せる

体力（標高差）	40点
登山時間加算	C
高山度（標高）	A
険　し　さ	C
迷いやすさ	D
総合点60点（中級）	

り。☎０１６７－３９－４１１１

■**カミホロ荘**

登山口の１・３キロ手前。☎０１６７－４５－２９７０

■**吹上温泉保養センター白銀荘、およびキャンプ場**

１９７ページを参照。

■**コースタイム**（日帰り装備）

十勝岳温泉　1:00↓ 0:50↑　上ホロ分岐　0:50↓ 0:30↑　富良野岳分岐　1:20↓ 1:00↑　富良野岳

標高差　約６４０メートル

登り　３時間10分

下り　２時間20分

■**ガイド**（撮影　6月28日）

登山口の標高がすでに１１３０

富良野岳分岐
富良野岳
1912
原始ヶ原
ホコ岩
カミホロ荘」
「翁公園前」
291
至上富良野

上ホロカメットク山避難小屋
上ホロカメットク山
1920
上富良野岳
1893
1803
三峰山
1866
水
八ツ手岩
通行禁止
三段山
1748
崖尾根
化物岩
安政火口
D尾根
水
1502
渡渉、雨後の鉄砲水
注
上ホロ分岐
三峰山沢
危
落石
1348
通行止め
三段山分岐
ヌッカクシ富良野川
WC
P
十勝岳温泉
(1270)
1314
ナマコ尾根
1078
吹上温泉
白銀荘
1012
P
WC
「吹上保養センター白銀荘」
水
966
P
WC
「吹上いこいの広場」
富良野川
至望岳台・白金温泉
966

D 尾根を回り込むと朝日を浴びた富良野岳の勇姿が見えてくる

上ホロ分岐。残雪時は見落とさないよう

6月下旬のD 尾根下部の雪渓

0メートル近くあり、比較的楽な登山で高山の雰囲気と高山植物が楽しめる。しかし、稜線の花が見ごろを迎える6月下旬～7月中旬は、まだ随所に雪渓が残る。急斜面のトラバースのほか、雪解けが進んでからは踏み抜きにも注意したい。

凌雲閣左手から広く平たんな道を安政火口（旧噴火口、旧噴）へと向かう。通行止めとなっている三段山への分岐を過ぎた先で、右手のヌッカクシ富良野川へ下り、

早い時期は随所に雪渓が残る

三峰山沢へ緩く下ってゆく

三峰山沢の広い河原

サンカヨウ

ウコンウツギ

ウラジロナナカマド

トカチフウロ

これを渡る。普段はほとんど水量がないが、集中豪雨などで増水した場合は焦らずしばし待とう。

なお、左岸上流への踏み跡を少しゆくと、安政火口を間近に見られる。帰路に立ち寄るのもいい。

対岸の尾根に取り付いたら、いったん下流方向へ折り返すように斜上してから尾根を回り込む。この尾根は通称D尾根と呼び、化《ばけ》物《もの》岩や八ツ手岩などを擁しながら稜線の上富良野岳まで続いている。

浅い沢地に入り、ほどなく現れる上ホロ分岐を右に入る。早い時期は雪渓が大きく標柱を見落としやすいので気をつけたい。このあたりはウコンウツギやタカネナナカマドなどのかん木帯で、エゾコザクラも見られる。

斜面を緩く下り、開けた河原となった三峰山《さんぽうざん》沢を渡る。気持ちの

広々とした富良野岳分岐

長いトラバース道で高度を上げる

エゾルリソウ

サマニヨモギ

エゾコザクラ

いい場所だが水質はいまひとつで、飲むなら一つ先の支流がいい。

ここから先は山腹をトラバースしながら次第に高度を上げていく。周囲はかん木交じりのお花畑で、ヨツバシオガマ、エゾツガザクラ、チングルマ、モミジカラマツ、エゾウサギギクなど、多数の高山植物が咲いている。振り返れば十勝岳のとがったピークも見えている。

富良野岳が大きく迫ってきた所で、道は左に折れる。トカチフウロやダイセツトリカブトが咲く草原状のお花畑を登りきれば、明るく開けた主稜線上の富良野岳分岐だ。この先は急で狭い道が続くので、ひと休みして息を整えよう。

山頂までの標高差は２００メートル弱。角材で作られた急な階段を登り、尾根を回り込んで稜線直下の道をたどる。登るほどに視界が開

山頂付近からの眺め。十勝岳、美瑛岳、上ホロなどが見える

山頂は夕張山地や日高山脈の展望もいい

急な雪渓のトラバース（6月下旬）

け、背後には三峰山、上ホロカメットク山、十勝岳、さらに表大雪までを見晴るかす。左手眼下にゴルフ場のように広がるのは原始ヶ原の湿原だ。

高山植物も多く、フタマタタンポポ、エゾルリソウ、ミヤマオグルマなどの珍しい植物をはじめ、エゾヒメクワガタ、イワギキョウ、エゾツツジ、エゾノハクサンイチゲなどが次々と現れる。

見どころの多い道だが、道は狭く登山者も多い。6月中は急な雪渓のトラバースにも注意しよう。最後に急な斜面を登りきれば頂上だ。展望は抜群で、先の十勝連峰から表大雪方面に加え、富良野盆地を挟んで夕張山地や日高山脈も見渡せる。山頂は狭いが原始ヶ原方面に100《メートル》ほど行けば、居心地のいいコブがある。

頂上から見た原始ヶ原。コースは右下の細長い湿原を通っている

原始ヶ原・林間コース

静かな湿原とアカエゾマツの林を抜けて

■交通

富良野市街からふらのタクシー(☎0167-22-5001)、中央ハイヤー(0167-22-2800)を利用するのが現実的。バス利用の場合は、JR富良野駅からふらのバス(☎0167-23-3131)麓郷《ろくごう》行きで布礼別《ふれべつ》バス停下車。そこから登山口まで徒歩約7・5キロ、約2時間。

■マイカー情報

富良野から麓郷または鳥沼公園経由で布礼別へ行き、「原始ヶ原登山口」標識に従って登山口の「ニングルの森広場」へ。最後の4・7キロは未舗装の林道で、若干荒れ気味のところもあるが、慎重に走れば普通乗用車でも入れる。20台程度駐車可能。

登山口の駐車場。仮設トイレもある

■ニングルの森管理棟

登山口の広場に立つ管理棟兼宿泊小屋。約30人収容。事前に申し込み鍵を借りる必要がある。管理・問い合わせ先＝富良野市商工観光課☎0167-39-2312

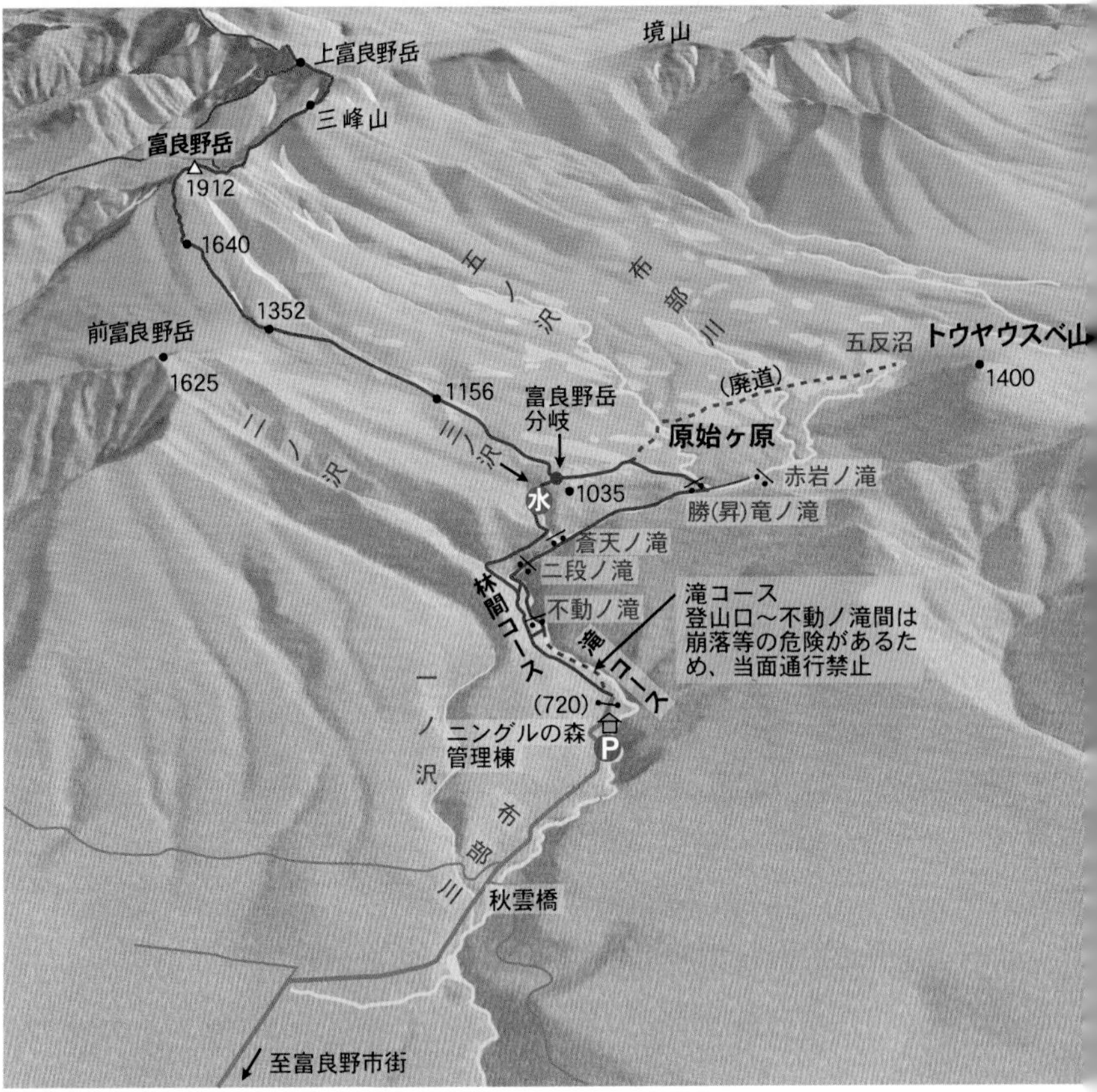
境山
上富良野岳
三峰山
富良野岳
1912
1640
1352
前富良野岳
1625
五ノ沢
布部川
五反沼
トウヤウスベ山
1400
(廃道)
1156
富良野岳
分岐
原始ヶ原
三ノ沢
二ノ沢
水
1035
赤岩ノ滝
勝(昇)竜ノ滝
蒼天ノ滝
二段ノ滝
林間コース
不動ノ滝
滝コース
滝コース
登山口～不動ノ滝間は
崩落等の危険があるた
め、当面通行禁止
(720)
ニングルの森
管理棟
P
一ノ沢
布部川
秋雲橋
至富良野市街

至美瑛
237
N
759
298
富良野
ふらの
標識
4.7 k
2.8 k
布部川
253
鳥沼公園
253
ゴルフ場
布礼別
標識
38
237
12.6 k
根室本線
985
空知川
布礼別川
至帯広

岩の奥に湧く「天使の泉」

斜面をトラバースするように道は続く

三ノ沢に懸かる広原ノ滝はなかなか見応えがある

■コースタイム（日帰り装備）

登山口　1:30↓ 1:00↑　富良野岳分岐
　3:00↓ 1:50↑　富良野岳

標高差　約1190メートル
登り　4時間30分
下り　2時間50分

■ガイド（撮影　7月7日）

原始ヶ原へ

原始ヶ原は富良野岳南麓に広がる高層湿原。そこに至るには林間コースと後述の滝コースがある。山頂を目指す場合は、所要時間や装備（足回り）などを考えて前者を経由するのが一般的だ。

　登山口を後に作業道跡の広い道を歩き始め

体力（標高差）	45点
登山時間加算	C
高山度（標高）	A
険しさ	C
迷いやすさ	B
総合点70点（中級）	

見落としそうな富良野岳分岐の標識

三ノ沢を渡る。下は滝なので慎重に

アカエゾマツに囲まれた原始ヶ原から富良野岳に向かう

ると、すぐに滝コースが分岐する（通行禁止）。右に沢音を聞きながら緩急ある道をたどり、不動ノ滝分岐、続いて滝コース分岐をそれぞれ通過。涸《か》れた二ノ沢に迷い込まぬよう右にコースを取ると、まもなく岩の奥から伏流水が湧き出る「天使の泉」の水場がある。

道は気づかぬうちに本流から三ノ沢に入り、前方に数段になって落ちる広原ノ滝が見えてくる。その中段あたりを飛び石や流木を伝って対岸に渡るが、増水時は決して無理をしないように。

そこから針広混交林の急斜面をひと登りで前方が明るくなり、ポンという感じで原始ヶ原に飛び出す。すぐに富良野岳分岐となるが、少し右に入って広い湿原を散策していってもいいだろう。

踏み跡は薄く目印も少ない。進むべき方向をよく見極めて

早い時期は雪が残る沢形

足首まで沈むぬかるみもある

原始ヶ原から富良野岳へ

素朴な標識を目印に富良野岳分岐を左に入る。細長く緩い斜面にヤチシンコと呼ばれるわい性化したアカエゾマツが点在する不思議な感覚の湿原。そこと針葉樹林を交互に出入りしながら、前方に見える富良野岳に向かう。道は薄い踏み跡程度で、ロープや木道があるわけではなく、ぬかるみも多い。まさに〝原始〟の趣が漂う一方、視界の悪い日は要注意だ。

その湿原も標高1300㍍付近からエゾマツ林へと変わり、時にササや枝に顔をなでられながら高度を上げてゆく。やがて小さな沢形に沿った道となり、にわかに斜度が増してくる。さらに登ると沢形は消え、ザレともガレともつかない歩きにくい急斜面となって消耗させられる。それでも足元を見

一歩一歩踏みしめてザレ場を登る。背後は前富良野岳

頂稜の肩までくれば頂上は近い。山頂は狭いのでこのあたりで休むのもいい

ればコマクサやイワブクロ、ウスユキトウヒレンなどが咲き、背後では前富良野岳が次第に低くなって元気を与えてくれる。

標高1800メートル付近で左のハイマツ帯に入り、最後に岩交じりの急斜面を詰めればついに頂稜の肩である。あとは小さなコブを二つほど越えるだけ。すでに山頂に人影も見えているはずだ。

一等三角点のある富良野岳山頂

ワイヤの手すりが付いた丸太橋

二条になって落ちる不動ノ滝

原始ヶ原・滝コース

見事な滝が続く経験者向きコース

■**交通・マイカー情報**などは林間コース（212ページ）と同じ。

■**コースタイム**（日帰り装備）

登山口 ―0・30↓ 0・20↑― 不動ノ滝 ―2・00↓ 1・50↑― 勝竜ノ滝 ―0・30↓ 0・30↑― 富良野岳分岐 ―3・00↓ 1・50↑― 富良野岳

標高差　約1190メートル

登り　6時間

下り　4時間30分

■**ガイド**（撮影　10月7日）

本コースは橋の流失などにより長らく通行禁止が続いていたが、2019年秋、富良野山岳会の尽力で整備された。20年夏から供用予定。ただし、登山口から不動ノ滝の間は、崩落の危険があるため当面は通行禁止。この間は林間コースを迂回《うかい》のこと。

また、本コースは沢登り的要素を含む危険箇所があり、初心者向きではない。時間もかかり、富良野岳登山よりも原始ヶ原散策のルートとして検討するといい。もちろん増水時は通行禁止である。足回りは沢靴または長靴が有利だ。

登山口から林間コースを行き、不動ノ滝標識から布部川沿いの滝コースに降りる。不動ノ滝は少し下流側に下ったところにある。

原始ヶ原まで

体力（標高差）	35点
登山時間加算	C
高山度（標高）	C
険しさ	A
迷いやすさ	B
総合点60点（中級）	

富良野岳まで

体力（標高差）	45点
登山時間加算	B
高山度（標高）	A
険しさ	A
迷いやすさ	B
総合点80点（上級）	

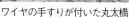

勝竜ノ滝下を渡って高巻き道へ

原始ヶ原に出た。右の雲の中が富良野岳

コース最奥の見どころ、赤岩ノ滝

道は基本的に沢沿いや斜面に開かれているが、時折、河原を歩いたり、はしごや鎖場、さらに架け直された丸太橋が現れたりと変化に富む。支流からの草付ノ滝、本流の二段ノ滝、さらに三ノ沢からの蒼天ノ滝と、タイプの違う滝が次々と現れ、歓声が上がる。

その後はこけむした支流や河畔林などを見ながら、次第に開けてくる谷の右岸をたどってゆく。やがて左から五ノ沢が合流し、これを渡ると分岐である。右に本流を5分ほどさかのぼると赤岩ノ滝。原始ヶ原へは左折し、昇竜ノ滝（地形図では勝竜ノ滝）の下で再び対岸に渡る。最後に急な高巻き道を登りきれば原始ヶ原の入り口だ。薄い踏み跡とまばらな目印を頼りに富良野岳分岐へと向かおう。なお、五反沼への道は廃道となった。

1866m

三《さん》峰《ぽう》山《ざん》

D尾根から

富良野岳から上ホロカメットク山へ延びる国境稜線上にあるピークで、単独の山ではない。直接この山に登る登山道はなく、ルートは前記の両山を結ぶ尾根に付けられた縦走路だけである。

山名は三つのピークで構成されていることから名付けられた。中央が本峰である。

富良野岳・上ホロカメットク山間の縦走はやや強行軍ながら十勝岳温泉を起点として日帰りで十分可能である。

イラストマップは206〜207ページ

富良野・上ホロ縦走コース

日帰り縦走に最適
稜線はお花畑

■**交通・宿泊施設・マイカー情報**
などは「富良野岳・十勝岳温泉コース」（204ページ）参照。

■**コースタイム**（日帰り装備）

富良野岳
0:30↓ 0:50↑
十勝岳温泉 2:20↓ 1:50↑ 富良野岳分岐
1:00↓ 1:00↑ 三峰山 1:00↓ 1:00↑ 上富良野岳 1:30↓ 2:00↑ 十勝岳温泉
0:20↓ 0:10↑ 上ホロカメットク山

獲得標高差（十勝岳温泉〜富良野岳〜三峰山まで）　約840メートル

縦走時間（富良野・上ホロ両山登頂-日帰り装備）　7時間40分

■**ガイド**（撮影　6月28日、7月22日）

ここでは富良野岳から三峰山を経て上ホロカメットク山への縦走を想定しガイドする。

富良野岳分岐までは

体力（標高差）	40点
登山時間加算	C
高山度（標高）	A
険　し　さ	C
迷いやすさ	D
総合点60点（中級）	

三峰山の富良野岳寄りピークから十勝岳方面を見る

縦走前半はチングルマやハクサンボウフウが咲くお花畑

三峰山の最初のピークから見る本峰はなかなかの迫力だ

「富良野岳」（２０４㌻）を参照。

分岐からハイマツ帯の広い尾根を西に向かう。緩やかな鞍部《あんぶ》を過ぎてハイマツ帯を抜けると、道は岩稜上をたどる。チングルマ、ハクサンボウフウなどの小さなお花畑が次々と現れる楽しい道だ。

尾根は次第に細くなり、左は崖になっているので高度感があるが、転落を心配するほど危険ではない。むしろ進むにつれて十勝岳や上ホロカメットク山などが少しずつ変

キバナシャクナゲと安政火口の岩肌が印象的

十勝岳温泉を見下ろす

上富良野岳はＤ尾根の頭であり、
十勝岳温泉への下り口でもある

岩場でけなげに咲くイワウメ

化していく様子が見飽きない。

やがて最初のピークが近づいてくる。ここまでが比較的緩やかなので高度差を感じるが、歩いてみればわずか5分ほどの登りだ。スレート状の岩が散乱したピークからは富良野岳が大きく、眼下には原始ヶ原が広がっている。次の本峰も見た目ほどの落差を感じないままに着いてしまうだろう。このあたりはキバナシャクナゲが群落をつくり、イワウメやミネズオウなどもそこかしこに咲いている。

三つめのピークを過ぎるとなだらかな火山れきの斜面となり、なおもにぎやかに咲き誇る花々を見ながら上富良野岳へと向かう。

以降、上ホロカメットク山の往復と十勝岳温泉への下山は「上ホロカメットク山」（224㌻）を参照のこと。

越えてきた三峰山、さらに富良野岳を背に上富良野岳へ

上富良野岳から見る上ホロカメットク山。背後は十勝岳

1920m

上《かみ》ホロカメットク山《やま》

安政火口から。右は八ツ手岩

十勝連峰の主峰十勝岳の南隣にあり、西面は旧噴と呼ばれる大爆裂火口、頂上直下は垂直に切れ落ちた火口壁の断崖で、迫力ある山容を見せている。半面東側は、なだらかな斜面が十勝川上流部の樹林に続き対照的な姿だ。十勝連峰縦走時に通る山だが、単独でも登られ、通称「上《カミ》ホロ」。

山名の由来は「上」をカムイヌプリの意味とすれば、「河口とは反対の向きに流れる川の奥にある高い山」の意味になるという。

十勝岳温泉コース

迫力の大爆裂火口を眺めながら

イラストマップは206〜207ページ

■**交通、マイカー情報、宿泊**などは「富良野岳・十勝岳温泉コース」（204ページ）を参照。

■**上ホロカメットク山避難小屋**

229ページの囲み記事を参照。

■**キャンプ**

上ホロカメットク山避難小屋周辺で可能。約20張。

■**コースタイム**（日帰り装備）

十勝岳温泉 1:00↓ 0:40↑ 上富良野岳 1:00↓ 0:50↑ 上ホロ分岐 0:20↓ 0:10↑ 上ホロカメットク山

獲得標高差 約690メートル
登り 2時間20分
下り 1時間40分

■**ガイド**（撮影 6月28日、9月2日）

富良野岳への道が分かれる上ホロ分岐までは、「富良野岳・十勝岳温泉コース」（204ページ）を参照のこと。

上ホロ分岐を沢形に沿って直進する。早い時期は雪渓が残るが、傾斜は緩い。右手には遮るものな

沢形上部から見る富良野岳。早い時期は長い雪渓が残るが斜度は緩い

安政火口と対岸の三段山を見ながらD尾根を登る

く富良野岳が眺められ、周囲には高山植物もちらほら見られる。

やがて沢形は消滅し、にわかに斜度が増してくる。ハイマツ帯を縫うように木の階段でグイグイ高度を上げてゆく。これを登り切ると尾根の上に出、同時に展望が開けてくる。

この尾根は通称D尾根と呼ばれ、主稜線の上富良野岳まで延びている。ルートはほぼこの尾根上をたどり、所々で左足元に安政火口（旧噴）の荒々しい山肌と噴気を見下ろすことになる。序盤のヌッカクシ富良野川沿いの道から頭上に見えた化物岩ももうはるか下だ。一方、右手には緑濃い富良

体力（標高差）	40点
登山時間加算	D
高山度（標高）	A
険　し　さ	C
迷いやすさ	D
総合点55点（中級）	

D 尾根上部を国境稜線に向かう。左が上ホロカメットク山、中央が上富良野岳

D 尾根の上に出るまで急斜面の階段が続く

野岳を望み、前景にチングルマやキバナシャクナゲが彩りを添える。

　鋭角的な八ツ手岩の横を通り過ぎると道は右に曲がり、沢の源頭を横切って最後の急斜面に差し掛かる。落石に気をつけてこれを登れば稜線上の縦走路で、傍らに上富良野岳の標柱が立っている。

　上ホロカメットク山へは縦走路を北に少し下り、岩れきとハイマツがミックスした急斜面を標高差70メートルほど登り返す。鞍部《あんぶ》で右に分

稜線間近から八ツ手岩（右）と化物岩（左奥）を見下ろす

岐する道は山頂を通らず、直接避難小屋へ行く巻き道だ。
広い頂上からは360度の展望が広がり、とりわけ噴煙たなびく十勝岳と足元から切れ落ちる大爆裂火口に目を奪われることだろう。

山頂は典型的な非対称山稜。上富良野岳から

なだらかな曲線を描く
十勝岳近影

この国境稜線上で展望
を遮るものはない

上ホロカメットク山から十勝岳へ

緑の乏しいいかにも火山らしい稜線をたどる。視界を遮るものはなく、全行程、展望をほしいままにできるのはうれしい。

上ホロカメットク山から左手足元に旧噴火口と三段山の荒々しい姿を見ながら避難小屋のある鞍部へと下る。なお、悪天時は上ホロカメットク山山頂を通らず、東側を巻く道を使うといい。

避難小屋の先で左に顕著な尾根が延びるコブが大砲岩。かつてはここから三段山への道があったが、危険なため現在は通行禁止だ。

はっきりしていた尾根筋は、十勝岳に近づくにつれて円錐《えんすい》形の斜面に吸収され、最後は急登で山頂に立つ。視界不良時は踏み跡を外さないように注意を。所要時間は往路1時間30分、復路1時間20分ほどである。

初雪に覆われた稜線（9月下旬）。十勝岳から。▼印は避難小屋

上ホロカメットク山避難小屋

上ホロカメットク山北東のコルにある木造2階建ての避難小屋。ただし近年、老朽化が進み緊急時以外の使用は控えたい状態になっている。小屋横はキャンプ指定地で約20張り可能。水は小屋の南の雪渓融水を使うが、8月以降は不確実となる。
▶通年開放、無料、収容30人
▶管理・問い合わせ　上川総合振興局環境生活課☎0166-46-5922、上富良野町企画商工観光課☎0167-45-6983

1748m

三段山《さんだんやま》

富良野岳から

国境稜線から外れ、標高も少し低いため、単独の山というよりも十勝岳や上ホロカメットク山の前衛峰という印象が強い。

昔から白銀荘をベースとしたスキーツアーの山として有名で、下から見ると斜面の緩急で3段重ねに見えるというのが山名の由来だ。

登山道はここに紹介する吹上温泉コースのほか、十勝岳温泉からと主稜線の大砲岩からの道があったが、後者2コースは危険なため通行禁止となっている。

吹上温泉コース

山スキーコースから十勝岳を間近に

■**交通、マイカー情報、宿泊情報**

などは「十勝岳・白銀荘から十勝岳へ」（194ページ）の項を参照のこと。

イラストマップは186〜187ページ

全線舗装された白銀荘への道

■**コースタイム**（日帰り装備）

白銀荘 2・10↓ 1・30↑ 三段山

標高差　約740メートル

登り　2時間10分

下り　1時間30分

■**ガイド**（撮影　10月2日）

登山口となるキャンプ場の山側は山岳スキーのゲレンデとして樹林が伐採されたササの斜面なので十勝連峰の山がよく望まれる。

最初はそのササ斜面に刻まれ、よく整備された道を登る。高度を

登り始めは見通しのよいササ斜面。冬は山岳スキーのゲレンデになる

キャンプ場の下にある登山ポスト

上げるほどに斜度が強まり、冬なら深雪を蹴散らしてスキーを楽しみたくなるところだろう。

30分も登っただろうか、コース

体力(標高差)	40点
登山時間加算	D
高山度(標高)	A
険　し　さ	D
迷いやすさ	C
総合点55点(中級)	

傾斜の緩いアカエゾマツの樹林下を進む。この木は岩地、湿原などの厳しい生育環境で見られる

急登箇所に設置された木の階段は朽ちかけている

は右手のアカエゾマツ林に入っていく。いかにも北国らしい雰囲気に喜ぶのもつかの間、朽ちかけた木の階段の急斜面となってハイマツ帯へと突入する（このような登りが2カ所ある）。ここではダケカンバ林がほとんど見られず、針葉樹林からいきなりハイマツ帯へと移行しているように見える。

ハイマツの丈が低くなると展望が開けてくる

振り返ると十勝岳登山口の望岳台が見えた

登るに従い傾斜はやや緩むものの、まだハイマツの丈が高くて視界を遮っている。しばらく辛抱すると、そのハイマツも低くなり、左手に深い谷を挟んで十勝岳の山腹が望まれてくる。

上部で幾筋かの沢地形を過ごすが最後の沢形周辺にはショウジョウバカマが多く、雪解け直後には

頂上直下の“展望台”。左に十勝岳、右に大砲岩が望まれる

かれんな花がたくさん見られるだろう。ハイマツ帯を登り詰めると山頂直下の裸地に出て一気に展望が開ける。後はほんの一息の登りで頂上である。

山頂は山肌むき出しの細い尾根

最後の沢地形。初夏はショウジョウバカマが多く見られる

頂上からの展望。左に上ホロカメットク山、右に上富良野岳

上で、正面には上ホロカメットク山、八ツ手岩が迫力ある壁となって立ちはだかる。三段山の赤茶けた斜面に立つ夫婦岩も目前で、その先には噴煙を上げる安政火口がよく見える。頂稜の東端からは急な岩尾根をコルへと下り、OP尾根から主稜線へと続く道があったが一般コースとは言い難く、通行禁止となったのもうなずける。

主稜線から外れ、展望のいい山頂

2052m

美瑛岳《びえいだけ》

十勝岳から

美瑛岳は十勝岳に次ぐ連峰第２の高峰である。

美瑛町など麓から見ると十勝岳のようにとがった頂をもつごく普通の山だが、十勝岳方面から見ると山の南半分が爆発でえぐられた荒々しい山だ。火口は深く大きなＶ字の沢となり、ポンピ沢、アバレ川と名を変えながら美瑛川に注いでいる。

ビエイはピイエ（油ぎった）で、山からの硫黄が川に流れ込んで濁っていたからという。

雲ノ平コース

十勝岳の山腹を巻きポンピ沢を越えて

■**交通、マイカー情報、宿泊施設**などは、「十勝岳・グラウンドコース」の項（１８４ページ）を参照のこと。

■**コースタイム**（日帰り装備）

望岳台 1:00↓ 0:40↑ 雲ノ平分岐
1:10↓ 1:00↑ ポンピ沢 0:50↓ 0:30↑ 美瑛岳分岐
1:30↓ 0:50↑
0:40↓ 0:40↑ 美瑛富士コル 1:00↓ 0:40↑ 美瑛岳

獲得標高差　約１２１０メートル

＊山頂稜線コース

雲ノ平分岐付近から十勝岳を見る

トラバース道を進むと美瑛岳と爆裂火口が見えてくる

上：雪に埋まった函状の沢（7月上旬）　左：雪解け後はハシゴで上り下りする

ザレた小尾根を雲ノ平へ

登り　4時間30分
下り　3時間

＊美瑛富士コル経由コース
登り　4時間40分
下り　3時間30分

■ガイド（撮影　7月7日）

望岳台から十勝岳避難小屋下の雲ノ平分岐までは「十勝岳・グラウンドコース」（184ページ）と同じ道をたどる。多くの登山者は分岐を十勝岳へ向かい、美瑛岳を目指す人は少ない。

雲ノ平分岐は標高約1250メートルあり、すでにかなりの高所である。すぐに渡る硫黄沢は一見清らかだが、飲用には適さない。ザレた尾根を少し

体力（標高差）	50点
登山時間加算	C
高山度（標高）	A
険しさ	C
迷いやすさ	D
総合点70点（中級）	

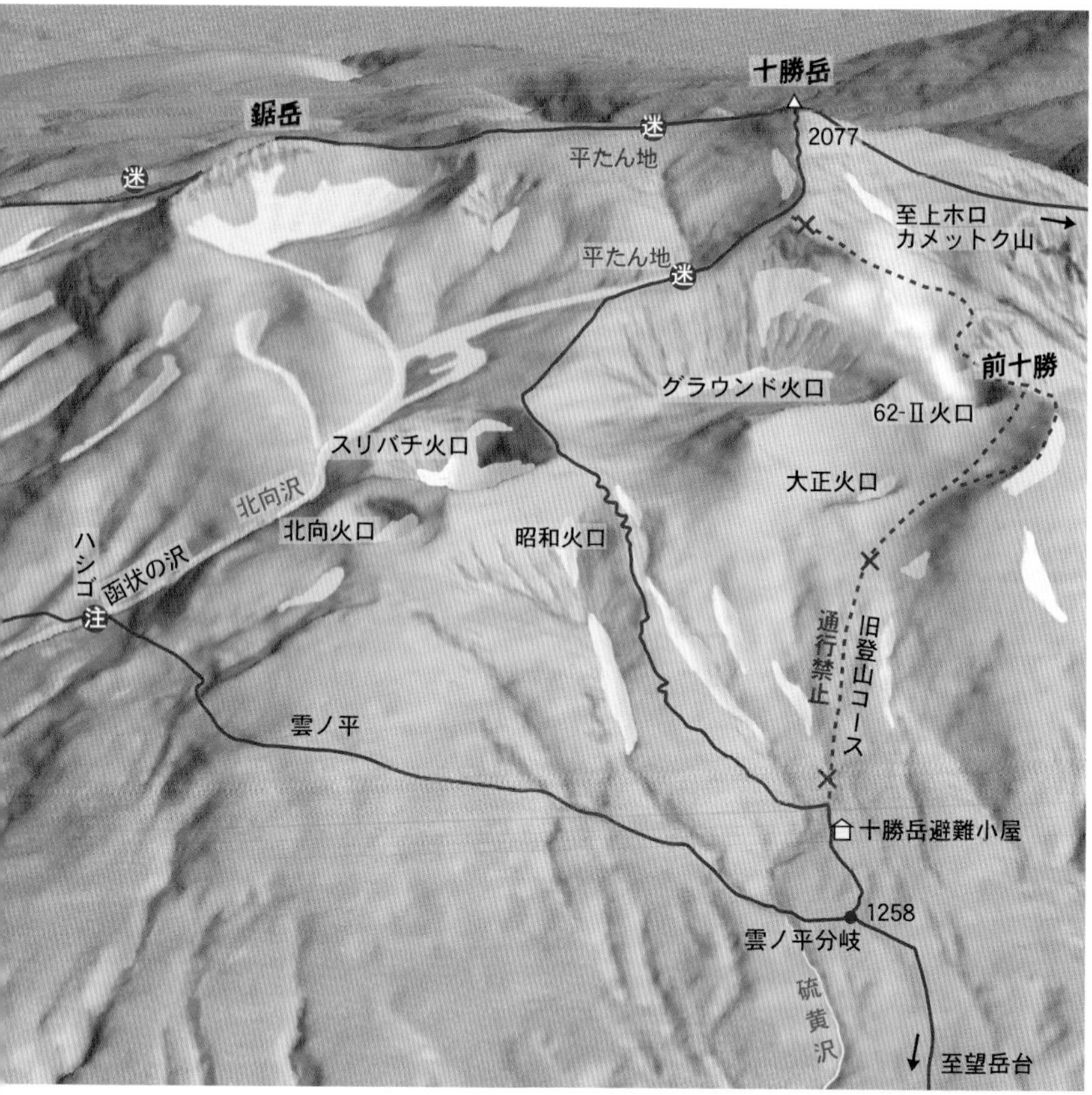

登り、涸《か》れ沢を渡って雲ノ平のトラバースに入る。

雲ノ平は十勝岳のスリバチ火口、北向火口などの中腹斜面にあたり、名は同じでも大雪山の雲ノ平のような平たん地ではない。それでも花は多く、ハイマツ帯の間にイソツツジ、メアカンキンバイ、マルバシモツケ、ミネヤナギ、クロウスゴなどが次々に現れる。大して離れていないのに十勝岳の登山道よりはるかに緑が濃い印象だ。

トラバース道は1450《メートル》前後の高度で緩やかに起伏しながら十勝岳を回り込む。やがて斜面の奥から爆裂火口をのぞかせた美瑛岳が見えてきて、その先で函《はこ》状に深くえぐれた沢を横切る。この沢は7月上旬くらいまでは雪に埋まり、それ以降は徐々に解けてハシゴで上り下りするようになる。融

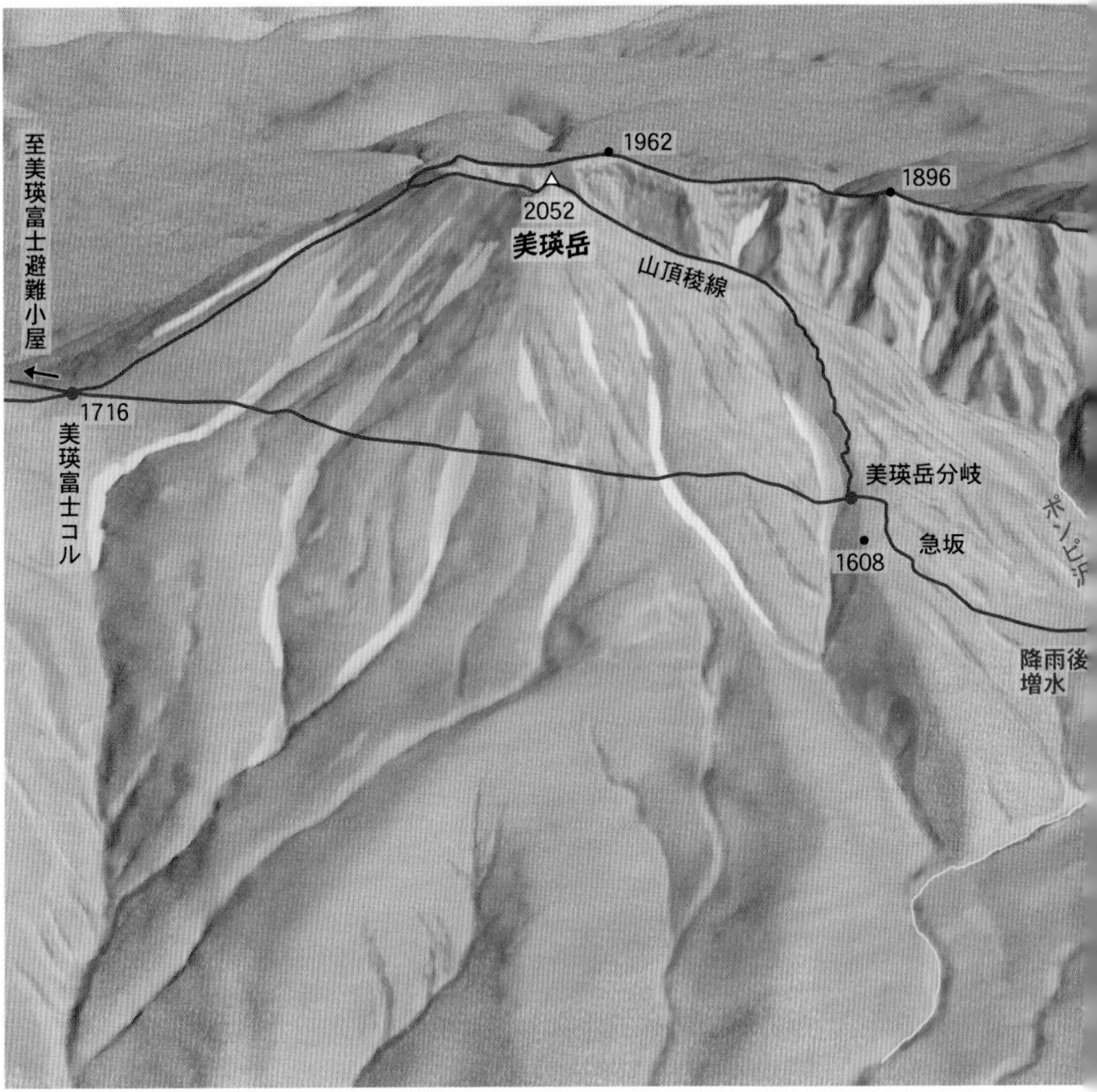

雪の状況によって、滑落や踏み抜きに注意が必要だ。

この沢を渡ると道はポンピ沢に向けて緩やかに下ってゆく。一帯はコザクラ畑と呼びたくなるほどエゾコザクラが多く美しい。ポンピ沢は通常は飛び石伝いに渡れるが、降雨後の増水に注意を。またこの先は水場がなく、水質も良いので十分に補給していこう。

右岸を少し下って右のかん木帯に入ると、本コース最大の急登が待っている。標高差は１５０メートルほどだが、両手をも使うほどの斜度である。登りきって振り返ると大きな斜面にたどってきたトラバース道が見え、稜線上に十勝岳が山頂部だけをのぞかせている。

傾斜の緩んだ道はほどなく遅い時期まで雪渓が残る浅い沢に出る。ここが美瑛岳分岐で、右に稜

飛び石伝いにポンピ沢を渡る

ポンピ沢のエゾコザクラ

急登上部からトラバース道を振り返る。十勝岳山頂もチラッと見える

線伝いに登れば直接美瑛岳頂上へ、雪渓を渡ってトラバースを続ければ美瑛富士コルに至る。

分岐から山頂稜線を頂上へ

分岐から高山帯となり山の雰囲気が一気に変わる。雪渓が解けた後に次々と高山植物が咲き、頂上までお花畑が続く。エゾコザクラ、エゾツガザクラ、コメバツガザクラ、チングルマなどが多い。

さらに高度が上がると岩交じりの稜線となり、イワウメ、イワブクロ、ミネズオウ、キバナシャクナゲなどがびっしりと咲く。道は爆裂火口の縁に沿って登るようになり、火口越しに十勝岳の優美かつ豪壮な姿を眺望できる。一木一草もないその黒灰色の世界は、現役の若い火山であることを改めて認識させられる。

美瑛岳頂上は火口壁の一角にあ

長い雪渓が残る美瑛岳分岐

急登は転滑落に注意

美瑛岳山頂を目指して岩れき帯を登る

り、南側すなわち火口側は絶壁となって切れ落ちている。十勝連峰のほぼ中央に位置することもあって、南に十勝岳、北に美瑛富士からオプタテシケ山、さらに表大雪の山々を一望できる。岩の間にはキバナシャクナゲ、イワウメ、ミネズオウ、エゾツガザクラなどが多数咲いている。

分岐から美瑛富士コルを経て美瑛岳へ

美瑛岳分岐から雪渓の残る浅い沢を渡り、美瑛岳の大きな斜面を約2キロにわたりトラバースしていく。かん木帯、お花畑、幾筋もの沢地形を渡りながら、ほとんど高低差を感じないまま美瑛岳と美瑛富士のコルに出る。ここは十勝連峰の主稜線で縦走路が通っており、左は美瑛富士へ、直進はその南側を巻いて美瑛富士避難小屋、

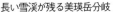

オプタテシケ山方面へ、そして右は美瑛岳、十勝岳へと至る。

美瑛岳へは標高差３００メートルの岩れき斜面を直登し、頂上稜線手前の分岐を右に斜上するように入る。左は十勝岳方面への縦走路である。頂上までは距離にして残り４００メートルほど。岩が累積し、紛らわしい踏み跡があったりするので、視界の悪い日はペンキ印を逃

最後は火口壁に沿って頂上へ

美瑛岳から爆裂火口越しの十勝岳の展望

さないよう注意して進みたい。

なお十勝岳―美瑛岳間の縦走は次項（２４４㌻）で紹介するが、その場合、そこにも記すようにできれば十勝岳から美瑛岳方向へ歩く計画を立てるのがよいだろう。

細く急なリッジ上の美瑛岳山頂

鋸岳の稜線越しに美瑛岳を望む。右奥にはうっすらとトムラウシ山も

十勝岳・美瑛岳縦走

縦走の醍醐《だいご》味《み》を満喫
ガスの時は注意

■コースタイム（日帰り装備）

望岳台 3:30↓ 2:20↑ 十勝岳 2:30↓ 2:30↑
美瑛岳 3:00↓ 4:30↑ 望岳台

獲得標高差　約1520メートル
縦走時間（十勝岳から美瑛岳方向）　9時間

■ガイド（撮影　7月7日）

望岳台または白銀荘を起点に、十勝岳、美瑛岳と日帰りで回る縦走コースだが、いくつか注意点がある。まず、相応の体力が必要なこと。次に途中にエスケープルートがないこと（この山域は低体温症による遭難が少なくない）。

さらに、十勝岳山頂から美瑛岳との最低鞍部《あんぶ》にかけてが、少々不

十勝岳の山頂を後に縦走路へ

最低鞍部手前から鋸岳を振り返る。ルートを見失いやすい場所だ

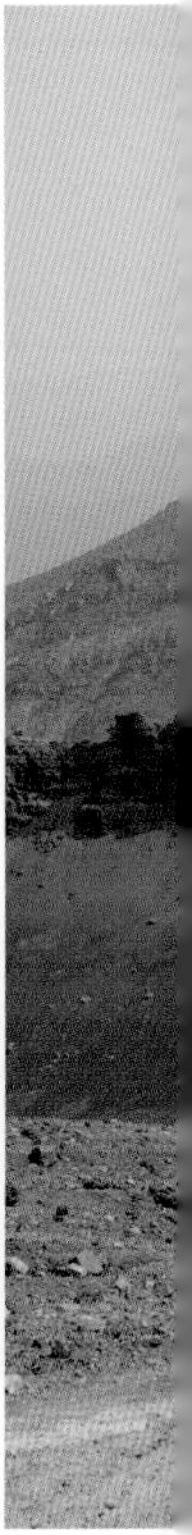

明瞭なことである。火山灰の広い斜面が続き、随所で道が薄くなる。ガスが出るなど視界不良時は目標物を失い、コントラストも低くなってルートを見失いやすい。

体力（標高差）	55点
登山時間加算	B
高山度（標高）	A
険しさ	C
迷いやすさ	B
総合点85点（上級）	

　これらを踏まえ、本コースは十勝岳から美瑛岳方向に歩く計画を立て、十勝岳に登った時点で縦走を続行するか否かの判断をするといいと思う。もちろん、悪天時は潔く撤退すべきだ。また、後半でのトラブル発生時には美瑛富士避難小屋を利用できるかもしれない。逆コースの場合、十勝岳に近づくころには相応の時間、体力を要しており、そこで何かあっても

美瑛岳の登りに差し掛かるころには十勝岳もずいぶん遠くなっている

コースの左側は爆裂火口の絶景が続く

進退窮まる可能性がある。

十勝岳の山頂までは「十勝岳・グラウンドコース」（１８４㌻）または「白銀荘から十勝岳へ」（１９４㌻）を参照のこと。

十勝岳山頂からは真東のコブに向かって下り、鞍部を左に折れて広大な火山灰台地へと入ってゆ

対象的にコース右側はお花畑が広がる。背後は境山

構造土の一種だろうか。小さな千枚田のようなお花畑

く。周囲には無数の雨裂が走り、目印は点々と立つポールだけだ。

新得コース分岐を過ぎ、平ガ岳と呼ぶ緩やかな丘を越えると鋸岳の岩尾根が見えてくる。コースはピーク手前で右に折れ、ザレた支尾根を150㍍ほど下って左に折れる。涸《か》れた沢形を越え、斜面をトラバースしてゆくとやがて主稜線上をたどるようになり、美瑛岳との最低鞍部に向かう。

迷いやすいのは十勝岳からこのあたりまでだが、天気さえよければ実に雄大な景色が続き、十勝連峰を縦走していることをこの上なく実感できるだろう。

最低鞍部の標高は約1780㍍。ここからはおおむね稜線のやや右下を登ってゆく。踏み跡は「道」と呼べる明瞭なものとなり、何よりもそれまでの無機質な景色からさ

最後は細い稜線に沿って山頂へ

主稜線と美瑛岳山頂の分岐点。岩に記されたペンキに従って山頂へ

まざまな高山植物が咲く生命あふれる世界に変わるのがうれしい。

　1896メートルピークは右側を巻き、火口壁に沿って徐々に左へと回り込んでゆく。のぞき込む爆裂火口は恐ろしいまでの迫力だ。対照的に足元はキバナシャクナゲ、チングルマ、エゾツガザクラ、イワウメとお花畑がにぎやかになり、心も躍ってくる。

　1962メートル標高点を過ぎた辺りからオプタテシケ山など北側の展望が開け、その山並みが右手に移ってくると、美瑛岳は近い。頂上へは斜面をトラバース気味に進んで避難小屋との分岐を左に入るのが分かりやすいが、稜線伝いに進むペンキ印もある。

　美瑛岳からの下山は前項「美瑛岳・雲ノ平コース」（236ページ）を参考にしてほしい。

山頂付近からオプタテシケ山とトムラウシ山の展望

1888m

美瑛富士《びえいふじ》

十勝岳望岳台付近から

美瑛岳の北隣にある山である。主稜線上の山ながら、縦走路から外れているためか、十勝岳方面の眺望が美瑛岳に遮られて思わしくなく登る人は少ない。

山名は美瑛にある富士山に似た山の意味だが、なるほど荒々しい美瑛岳に比べて富士のごとく優しい裾を引いている。

正規ルートは美瑛岳とのコルから踏み跡をたどっているが、植物の踏みつけには注意したい。コルまでは望岳台と美瑛富士避難小屋から。

美瑛富士コルコース

高山植物を踏まないように気をつけて

イラストマップは256〜257ページ

■**交通、マイカー情報、宿泊施設**

などは「十勝岳・グラウンドコース」（184ページ）、または「オプタテシケ山」（254ページ）の項を参照のこと。

■**コースタイム**（日帰り装備）

＊十勝岳望岳台から

望岳台 3・40↓ 2・50↑ 美瑛富士コル 0・50↓ 0・30↑ 美瑛富士

獲得標高差　約1050メートル

登り　4時間30分

下り　3時間20分

＊美瑛富士避難小屋経由

登山ポスト 2・30↓ 2・00↑ 美瑛富士避難小屋 0・40↓ 0・30↑ 美瑛富士コル 0・50↓ 0・30↑ 美瑛富士

標高差　約1065メートル

登り　4時間

下り　3時間

■**ガイド**（撮影　7月2日）

望岳台から美瑛富士コルまでは「美瑛岳・雲ノ平コース」（236ページ）を参照。白金温泉から美瑛

美瑛富士東面の縦走路（10月上旬）

美瑛岳分岐から美瑛富士コルへのトラバース

美瑛富士コルからたおやかに見える美瑛富士に向かう

富士避難小屋までは「オプタテシケ山」（２５４㌻）を参照。美瑛富士避難小屋から美瑛富士コルへは、主稜線上の縦走路に出て、南東斜面を登り気味にトラバースしていけばよい。

美瑛富上コルの分岐から頂上へ

美瑛富士避難小屋経由

体力（標高差）	45点
登山時間加算	C
高山度（標高）	A
険しさ	D
迷いやすさ	C
総合点65点（中級）	

十勝岳望岳台から

体力（標高差）	45点
登山時間加算	C
高山度（標高）	A
険しさ	C
迷いやすさ	C
総合点65点（中級）	

石垣山中腹から見る美瑛富士（右）と美瑛岳（左）

イワウメ（白）とミネズオウ（ピンク）

避難小屋付近のチシマアザミ

ははっきりした踏み跡が続いている。ゆったりとした裾野から斜度が増すとジグザグを切って登り、頂上台地上に出ると再び斜度がなくなる。一帯はイワウメが咲き乱れるお花畑だが、風が吹き抜ける地帯でもある。風よけの岩などはないから強風時は注意したい。

山頂を示す標識は東端にあり、オプタテシケ山の向こうに広がる景色が素晴らしい。眼下に避難小屋も小さく俯瞰《ふかん》できる。

頂上からオプタテシケ山を望む

美瑛富士の登り。背後の美瑛岳に縦走路とトラバース道が見える

美瑛富士避難小屋

1996年、美瑛富士と石垣山のコルに建てられた。隣接してキャンプ指定地がある。水は沢形の水たまりや雪渓を利用するが、秋は不確実となる。トイレは携帯トイレを持参し、隣接の携帯トイレブースを使用する。

▶通年開放、無料、収容20人

▶管理・問い合わせ

上川中部森林管理署美瑛合同森林事務所　☎0166-92-2063

美瑛町役場総務課

☎0166-92-1111

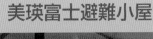

2013m

オプタテシケ山《やま》

トムラウシ山から

十勝連峰の北端にそびえる山で、北海道では数少ない鋭い山容を持つ。特に西面は、頂上から崖状に切れ落ちて冬にはヒマラヤをも連想させるすごみを見せる。十勝連峰・大雪山縦走時に登られるが、単独の場合は白金温泉から美瑛富士避難小屋で１泊して登るのが一般的だ。

山名は、アイヌ語で「槍《やり》がとれた山、槍がそこに反り返っている山、槍を連ねた山」と諸説があるが、昔は十勝連峰の大部分もしくは中央高地全体を示す地名であった。

美瑛富士避難小屋コース

石垣山、ベベツ岳を越え縦走気分で

■交通

ＪＲ旭川駅発、美瑛駅経由の道北バス（☎０１６６−２３−４１６１）で白金温泉に入り、そこから徒歩で左記の「マイカー情報」に記したルート経由で約4キロ、約1時間20分。または美瑛市街、白金温泉（要迎車料金）から美瑛ハイヤー（☎０１６６−92−１１８１）が利用できる。

涸沢林道入口ゲート。近年、無施錠になった

■マイカー情報

美瑛市街から道道９６６号経由

前半は見事なアカエゾマツの林が広がる

登山口奥の駐車場

登山ポストの設置された登山口

で白金温泉へ行き、さらに美瑛川沿いの車道を約1・7キロ進む。右に分かれる旧道に入り、0・3キロ先の丁字路を右折して涸沢《からさわ》林道に入る。入り口ゲートは無施錠（2020年予定）だが、通行後は必ず閉めること。そこから舗装された林道を約1・9キロで登山口、さらに100メートル奥に10台分ほどの駐車場がある。ゲートや林道状況の確認は上川中部森林管理署美瑛合同森林事務所（☎0166-92-2063）へ。

■**宿泊情報、キャンプ場**は「十勝岳・グラウンドコース」（185ページ）を、美瑛富士避難小屋は「美瑛富士」（253ページ）を参照。

体力（標高差）	50点
登山時間加算	B
高山度（標高）	A
険しさ	C
迷いやすさ	C
総合点75点（上級）	

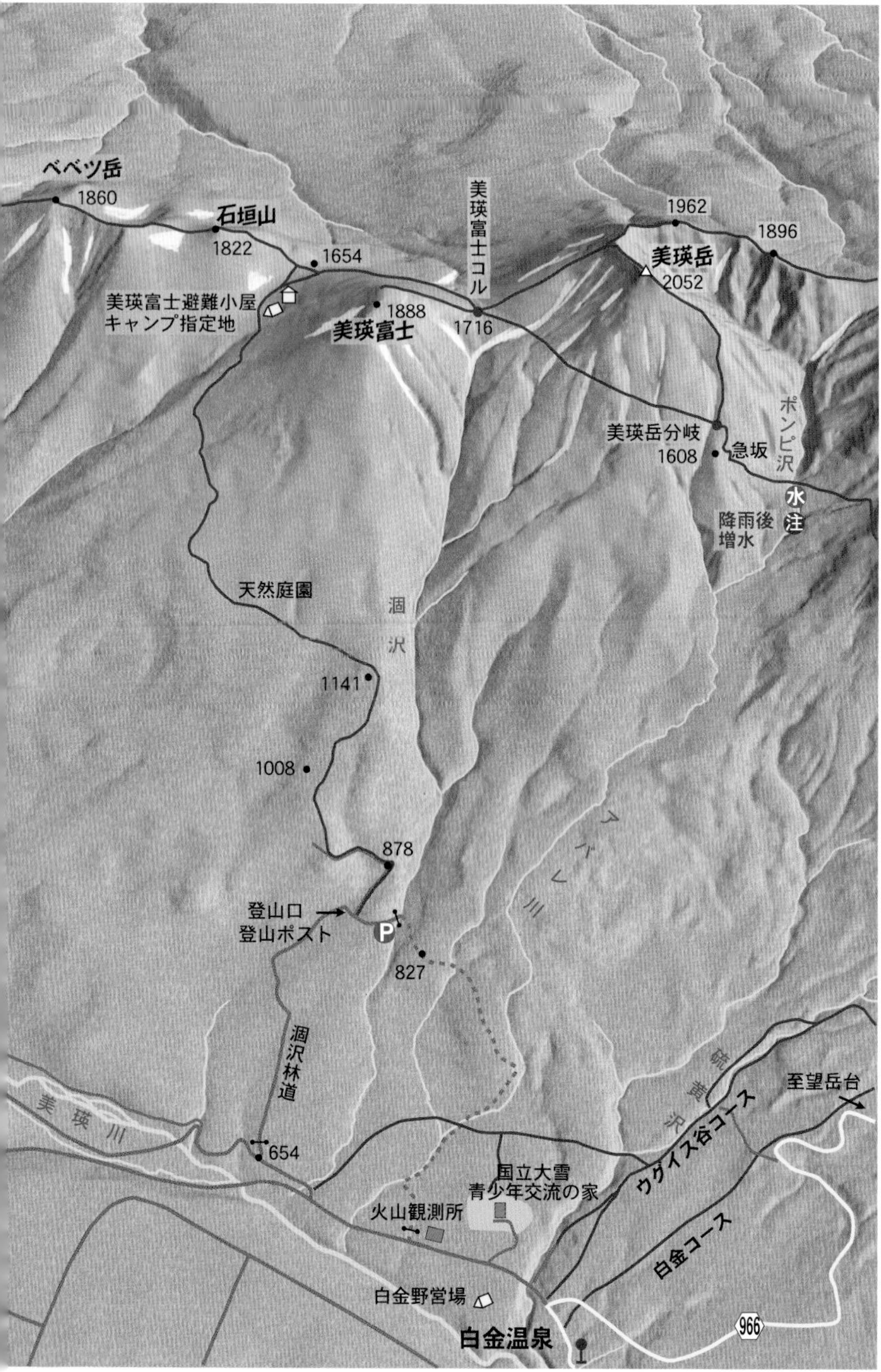

ベベツ岳
1860
石垣山
1822
1654
美瑛富士避難小屋
キャンプ指定地
1888
美瑛富士
美瑛富士コル
1716
1962
1896
美瑛岳
2052
美瑛岳分岐
1608
急坂
ポンピ沢
水
注
降雨後
増水
天然庭園
涸沢
1141
1008
878
アバレ川
登山口
登山ポスト
P
827
涸沢林道
美瑛川
654
硫黄沢
至望岳台
ウグイス谷コース
国立大雪
青少年交流の家
火山観測所
白金コース
白金野営場
966
白金温泉

1626
1591
コスマヌプリ
1668
1569
双子池
キャンプ指定地
要煮沸
水
1404
オプタテシケ
2013
硫黄沼
美瑛川
狐客沢
水無川
美瑛自然の
キャンプ

天然庭園をゆく。奥に見えるのは美瑛富士と美瑛岳（右）

森林限界を超えると主稜線が見えてくる。何カ所か現れる巨岩帯ではナキウサギの声も

■コースタイム（美瑛富士避難小屋までは縦走装備）

登山ポスト（3:10↓ 2:30↑）美瑛富士避難小屋（1:10↓ 0:50↑）ベベツ岳（1:20↓ 1:00↑）オプタテシケ山

獲得標高差　約1390メートル

登り　5時間40分

下り　4時間20分

■ガイド（撮影　8月6日）

本コースは健脚者であれば日帰りも可能であるが、多くの登山者は美瑛富士避難小屋に1泊して往復する。ここでもそれに倣い1泊2日行程でガイドする。

1日目：美瑛富士避難小屋へ

登山ポストからしばらくは造林道跡の広い道をゆく。斜度は緩くササ刈りなどの整備も行き届いて歩きやすい。一度、左にカーブし

美瑛富士避難小屋と美瑛富士

水無川源頭に広がるお花畑

石垣山を過ぎるとオプタテシケ山が見えてくる

てトラバース気味に進んだ後、また山に向かって緩く登る。標高1000㍍を超えたあたりからアカエゾマツの立派な木が目立つようになり、林床はコケが美しい。

やがて道は美瑛富士の北斜面に回り込むようにトラバースしてゆく。平たんな道が傾斜を帯びてきたところで現れるのが「天然庭園」の標識だ。巨岩を配したアカエゾマツのかん木帯に、イソツツジ、ウスノキ、オオバスノキ、ハイマツなどが混生し、文字通りの景観が広がっている。北海道広しといえど、こんな所は他に知らない。

いつしか森林限界を超え、ササとハイマツ、あるいは突然大きな岩れき帯が現れたりするなかを、徐々に高度を上げてゆく。左前方に目指すオプタテシケ山の稜線が見え始め、さらに美瑛富士避難小

べベツ岳からコルを挟んでオプタテシケ山を望む。見事な三角錐《すい》だ

長かった行程も残すは最後の急斜面のみ

屋のある鞍《あん》部《ぶ》も見えてくる。

傾斜が増すとともに左手の水無川の沢形が近づき、その源頭を横切る。早い時期は雪渓が残り、その後はチングルマ、ハクサンボウフウ、タカネトウウチソウなどのお花畑となるところだ。

一時の急斜面の後、平たん地に入ると、宿泊地の美瑛富士避難小屋が見えてくる。

2日目：オプタテシケ山へ

不要な荷物は小屋にデポし、日帰り装備で山頂を往復しよう。縦

山頂手前から歩いてきた稜線を振り返る。左奥が美瑛岳

走路へは小屋から直接石垣山中腹に向かう踏み跡をたどるのが早いが、視界の悪い日は美瑛富士の山裾に沿って南に進み合流するのが確実だ。最初のピークである石垣山への登りは岩れきとハイマツ、ヒース状のお花畑がモザイクのように広がり、振り返れば美瑛富士と美瑛岳が大きい。

道は石垣山の山頂下を巻いてゆくが、ここでオプタテシケ山が姿を現す。ピラミダルな山容に歓声を上げるか、はたまたその遠さにため息をつくか……。強風が吹き抜けそうな広く平たんなコルを過ぎ、次なるピークのベベツ岳にかかる。見えているのは前衛峰で、本峰は細い稜線をたどった奥にある。そこから見るオプタテシケ山は遮るものが何もなく、一段と鋭く秀麗だ。気持ちははやるが、日

山頂からトムラウシ山、表大雪を望む。手前はオプタテシケ山東峰

山頂は狭いが訪れる登山者も少なめだ

道端には白花のイワギキョウがちらほら

の前には標高差130メートルのコルへの下りが待ち構えている。

岩れきの急斜面を下り、広いコルを過ぎて最後の大きな登りに取り付く。幾筋もの踏み跡とも雨裂ともつかないものが延びているが、正しいルートにはペンキ印がついている。ほぼ直登のきつい登りが右に折れ、再度左に電光を切るとほどなく傾斜が緩んで前峰となる。切り立つような西壁がよく望まれ、奥に頂上が顔をのぞかせている。その威容を眺めながら細い稜線を進めばひと登りで待望の頂上だ。

狭い頂上は高度感抜群で展望も群を抜いている。特にトムラウシ山から表大雪へと続く稜線は、大雪山系全縦走という新たな闘志を湧き立たせてくれることだろう。

下山は避難小屋で荷物をピックアップし、往路を戻る。

縦走プラン紹介

石狩岳から沼ノ原、トムラウシ山遠望

日帰り 花の山・富良野岳へ登り、上ホロカメットク山経由で下山

十勝岳温泉 —3：10→ / 2：20←— 富良野岳 —2：50→ / 3：00←— 上ホロカメットク山 —1：40→ / 2：20←— 十勝岳温泉

行程 7時間40分

帰路は出発点に戻るコースなので、マイカー利用者にもバス利用者にも都合のよい縦走コースだ。時間的にも手頃で、十勝岳温泉を早朝に発てば、余裕をもって下山できる。

富良野岳を中心にした十勝連峰西部のミニ縦走で、コースの見どころはやはり富良野岳だ。夏は高山植物が素晴らしく、秋は紅葉が楽しめる。また、三峰山を越えての稜線歩きは縦走気分を満喫させてくれる。技術的に困難な個所はなく、地形図で現在地を的確に把握できるリーダーがいれば多少のガスが出ても不安なく下山できる。

富良野岳から三峰山、上ホロ方面を見る

1泊2日 十勝連峰の中央部から十勝連峰最奥のオプタテシケ山へ

望岳台 (4：10→ / 3：00←) 十勝岳 (3：00→ / 3：00←) 美瑛岳 (1：20→ / 2：00←) 美瑛富士避難小屋㊗ (2：30→ / 1：50←) オプタテシケ山

美瑛富士避難小屋 (2：20→ / 3：10←) 登山ポスト (1：00→ / 1：20←) 白金温泉

行程 1日目：8時間30分　2日目：7時間40分

十勝連峰の最も魅力ある部分を縦走するプランだ。

初日の十勝岳への登りは主稜線への登りにひと汗もふた汗もかかされるうえ、足場が安定しない火山灰のために非常に登りにくい。スリバチ火口から十勝岳、さらに美瑛岳へ向かう火山灰地形の歩行はガスの濃いときは迷いやすいので注意が必要だ。

十勝岳を背に美瑛岳を登る

美瑛富士避難小屋に泊まり、翌日は日帰り装備でオプタテシケ山を往復する。魅力的な山だが遠く、登る機会の少ない山だ。

下山は涸沢林道の登山口から白金温泉へ下りることを想定したが、マイカー利用の場合は美瑛岳から雲ノ平経由で望岳台へ下りる。

オプタテシケ山西壁

1泊2日 東大雪の中心域、ユニ石狩岳から音更山を経て石狩岳の稜線を歩く

ユニ石狩岳登山口	4：00→ / 2：20←	十石峠	1：00→ / 0：30←	ユニ石狩岳	1：40→ / 1：50←	ブヨ沼㊟	1：40→ / 1：00←	
音更山	1：50→ / 2：00←	石狩岳	3：40→ / 5：20←	シュナイダーコース登山口	0：30→ / 0：30←	ユニ石狩岳登山口		

行程 1日目：6時間40分　2日目：7時間40分

マイカー利用が可能なコースとして設定した。

十石峠に荷を置き、ユニ石狩岳を往復した後、ブヨ沼キャンプ指定地へ向かう。

翌日は音更山と石狩岳の標高差の大きな登りがあるが、細い尾根、側壁の見事さ、表大雪や東大雪の眺望を満喫できる。

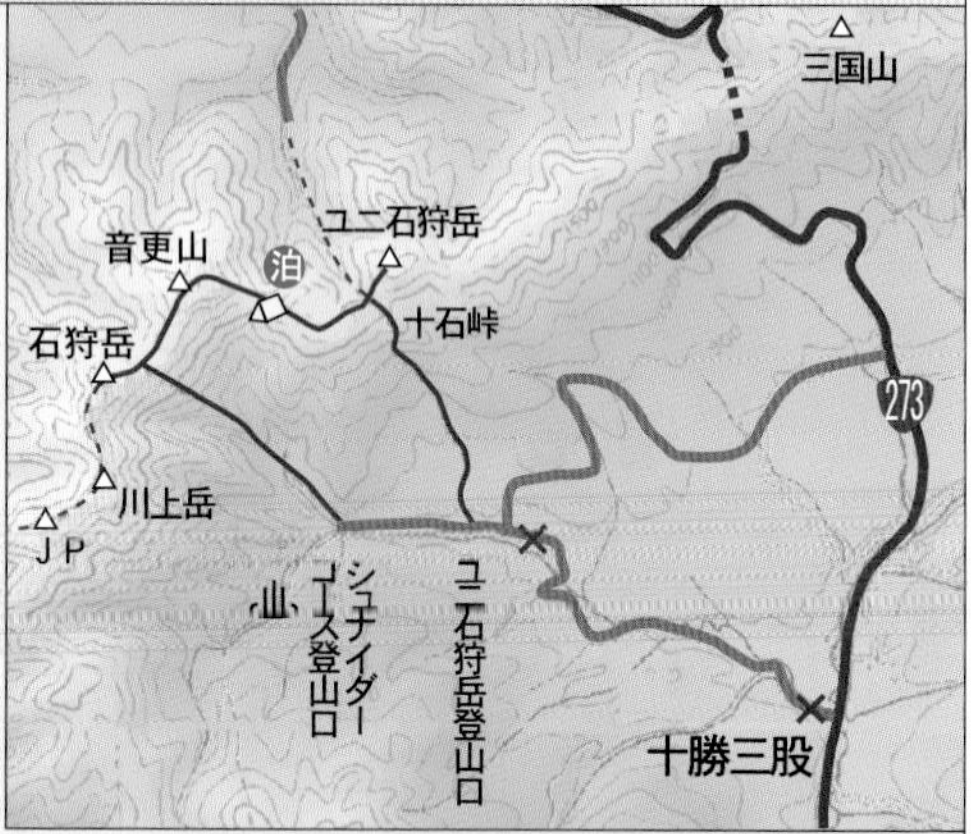

音更山から見た石狩岳

シュナイダー分岐から表大雪展望

音更山からの下りの巨岩帯は目標物に乏しく、ガスなどで視界が悪いときは注意したい。

下りはシュナイダーコースを使うが、登山口まで1000 mの標高差が待っている。

2泊3日 静寂な原始ヶ原からスタートし、オプタテシケ山までの十勝連峰全山を縦走

ニングルの森 (5：30→ / 3：30←) 富良野岳 (3：40→ / 4：10←) 上ホロカメットク山避難小屋㊚ (1：40→ / 1：30←)

十勝岳 (4：20→ / 5：00←) 美瑛富士避難小屋㊚ (2：30→ / 1：50←) オプタテシケ山 (3：20→ / 4：30←) 白金温泉

行程 1日目：9時間10分　2日目：6時間　3日目：7時間40分

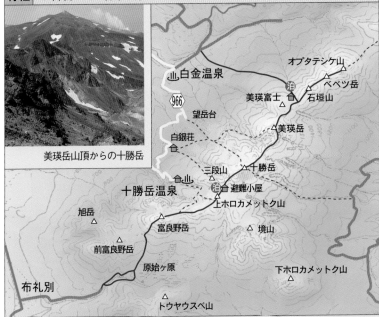

美瑛岳山頂からの十勝岳

十勝連峰の全山完全縦走である。しかも、最南端の富良野岳も最も南の布礼別からのスタートだ。麓郷《ろくごう》からはタクシーの利用が便利だ。

2日目は十勝岳、美瑛岳を越えて美瑛富士小屋へ。迷いやすい火山灰原に注意しよう。美瑛富士小屋からは日帰り装備でオプタテシケ山を往復し、白金温泉へ下る。

結構長いコースだが、途中至るところに逃げ道があり、登山者も多いので精神的には楽だ。

3泊4日　静かな石狩連峰から沼ノ原湿原を経てにぎやかな表大雪へ向かうビッグな縦走

ユニ石狩岳登山口 4：00→／2：20← 十石峠 1：10→／0：50← ブヨ沼㊗ 3：30→／3：00← 石狩岳 6：10→／7：10← 沼ノ原㊗ 4：20→／3：50← 五色岳 1：50→／1：30← 忠別岳 3：50→／3：30← 白雲岳キャンプ指定地㊗ 4：30→／5：00← 黒岳7合目

行程　1日目：5時間10分　2日目：9時間40分　3日目：10時間　4日目：4時間30分

音更山、石狩岳、川上岳を経て細い尾根を歩き、ニペノ耳から沼ノ原めがけて根曲がり廊下を下る。手ごわいブッシュだが登りよりは楽だ。沼ノ原から五色岳へはお花畑の登り。表大雪の入り口だ。五色岳まで来ればあとは平たんな歩きである。3日目が長いと感じたら忠別小屋で泊まるのもよい。表大雪はのんびり歩きたい。黒岳7合目からはリフトとロープウエーで層雲峡へ下山する。

タイムに入れていないがユニ石狩岳や白雲岳も往復したい。

4泊5日　十勝連峰、表大雪、東大雪の三つの山域を抜け、十勝三股へ至る大縦走コース

望岳台 （4：10→／3：00←） 十勝岳 （4：20→／5：00←） 美瑛富士避難小屋㊨ （2：30→／1：50←） オプタテシケ山 （8：00→／7：40←） トムラウシ南沼㊨ （0：20→／0：10←） トムラウシ山 （7：00→／7：50←） 沼ノ原㊨ （7：10→／6：10←） 石狩岳 （3：00→／3：30←） ブヨ沼㊨ （3：10→／5：10←） ユニ石狩岳登山口

行程　1日目：8時間30分　2日目：10時間30分　3日目：7時間20分　4日目：10時間10分　5日目：3時間10分

各日の行動時間が長いので、かなりつらい登山になる。もっと日数をかけてゆとりのある登山にするなら、オプタテシケ山の先の双子池、トムラウシ山の先のヒサゴ沼にキャンプ指定地があるので日程を調節できる。

途中のエスケープルートとしては、十勝連峰は白金温泉側は不自由しないほどの下山コースがあるが、オプタテシケ山を過ぎるとトムラウシ山まではないので精神的に緊張する。交通の便を考えると天人峡温泉かトムラウシ温泉が逃げ道としては便利だ。

コース中の難関は十勝岳の辛い登りと十勝岳から美瑛岳までの迷いやすい地形、トムラウシ山の道が分かりにくい岩れき地帯、沼ノ原から石狩岳への根曲がり廊下の太いササが密生した急な登りだ。道自体はしっかりしており、道を見失う心配はない。

あとがき

1988年のシリーズ創刊以来、本書は数年おきに登山道やアクセスの最新情報を盛り込み、アップデートともいうべき改訂を心がけてきた。

しかし、6年ぶりとなる今回の改訂では、掲載方法自体を考え直さなければならなくなった山が少なくない。2016年夏の3連続台風を筆頭とする度重なる気象災害によって、入山が困難になった山々だ。林道復旧のめどは立たず、登山道の整備もままならない状態が各地で続いている。

こうした山々をどう扱うか――熟慮の末出した答えが巻頭（8㌻）の一節であり、「入山に注意を要する山」と明記した上での紹介である。これらの山への登山はオウンリスクが前提であり、くれぐれも慎重に検討されたい。

その上で、旧版からの大きな変更点を挙げておきたい。まずニペソツ山は入山できなくなった十六ノ沢コースに代わり、再整備された幌加温泉コースを掲載した。距離は長くなったが、変化に富んだいいコースだと思う。

新規に掲載したのは、層雲峡温泉から登る朝陽山だ。この山を経由してニセイカウシュッペ山に至るロングコースを復活させる動きもあるようだ。次回の改訂で掲載できるようになることを期待したい。

逆にやむなく削除したコースもある。林道復旧の見込みがなく登山道の荒廃が進んだウペペサンケ山のかんの温泉からの2コース。同じく長期間通行止めが続き、登山道の整備も行われていない武利岳丸瀬布コースである。三段山崖尾根コースも削除した。今回赤オビ付きで紹介した山も、今後は登山道の整備が行われない可能性があり、次回の改訂時にはどうなっているか心配だ。

そのほか電話番号などを漢数字から算用数字に変更した。細かいことだが多少なりとも見やすくなっていれば幸いです。

2020年3月　　記録的な少雪のち新型ウイルスに翻弄される春に　著者一同

取材協力　菅原規仁、取材にご同行・ご協力いただいた皆さん

参考文献

俵　浩三・今村朋信編『アルパインガイド北海道の山』（山と溪谷社）1971

再刊委員会編・著『北海道の山と谷・下』（北海道撮影社）1999

菅原靖彦著『北海道ファミリー登山』（北海タイムス社）1985

梅沢俊編著『アルペンガイド北海道の山』（山と溪谷社）2000

季刊『北の山脈』１～40号　1971～1980

梅沢俊・伊藤健次著『新版　北海道百名山』（山と溪谷社）2003

旭川山岳会監修『Attack!!　大雪山』（北海道地図）1988

写真集『大雪山―中央高地の自然―』（北海道撮影社）1973

山田秀三著『北海道の地名』（北海道新聞社）1984

亜璃西社編『19～20北海道キャンプ場ガイド』（亜璃西社）2019

梅沢俊著『北の花名山ガイド』（北海道新聞社）2012

伊藤健次著『ヤマケイアルペンガイド　北海道の山』（山と溪谷社）2013

本書の作成にあたっては山旅倶楽部の地図データを使用しました。

鳥瞰図作成に際しては、カシミール３Ｄ（杉本智彦氏・作、https://www.kashmir3d.com/）を使用しました。

著者紹介（五十音順）

梅沢　俊
（うめざわ　しゅん）

1945年札幌市生まれ。道内の野生植物の撮影・研究を続け、最近はヒマラヤで花探しも。著書に『北海道の草花』『新版北海道の高山植物』『山の花図鑑シリーズ』『北の花名山ガイド』（北海道新聞社）、『新北海道の花』『北海道のシダ入門図鑑』（北海道大学出版会）、『北海道百名山』（山と溪谷社）など。北大山とスキーの会所属。

菅原　靖彦
（すがわら　やすひこ）

1943年札幌市生まれ。岩登り、沢登り、冬山と全方位の登山を実践。著書に『札幌・小樽ゆったりハイキング』（北海道新聞社）などがあるほか、『北海道スノーハイキング』『「北海道雪山ガイド』などの編集に携わってきた。北海道の山メーリングリスト所属。

長谷川　哲
（はせがわ　てつ）

1964年長野県生まれ。山と溪谷社で『山と溪谷』『Outdoor』などの雑誌編集に携わったのち、北海道に移住しフリーライターとなる。現在は『山と溪谷』『岳人』などの山雑誌を中心に執筆中。著書に『北海道16の自転車の旅』『北海道夏山ガイド特選34コース』（北海道新聞社）ほか。北海道の山メーリングリスト所属。

最新第3版　北海道　夏山ガイド③　東《ひがし》・北大雪《きただいせつ》、十勝連峰《とかちれんぽう》の山々《やまやま》

1990年6月28日　初版　1刷
1993年4月30日　初版　3刷
1995年4月19日　増補改訂版　1刷
2004年5月9日　最新版　1刷
2014年4月30日　最新第2版　1刷
2020年4月24日　最新第3版　1刷

著　者　梅沢　俊／菅原　靖彦／長谷川　哲
発行者　五十嵐　正剛
発行所　北海道新聞社
〒060-8711　札幌市中央区大通西3丁目6
出版センター（編集）☎011－210－5742
出版センター（営業）☎011－210－5744
印　刷　㈱アイワード

落丁・乱丁本はお取り替えいたします
ISBN978-4-89453-985-3

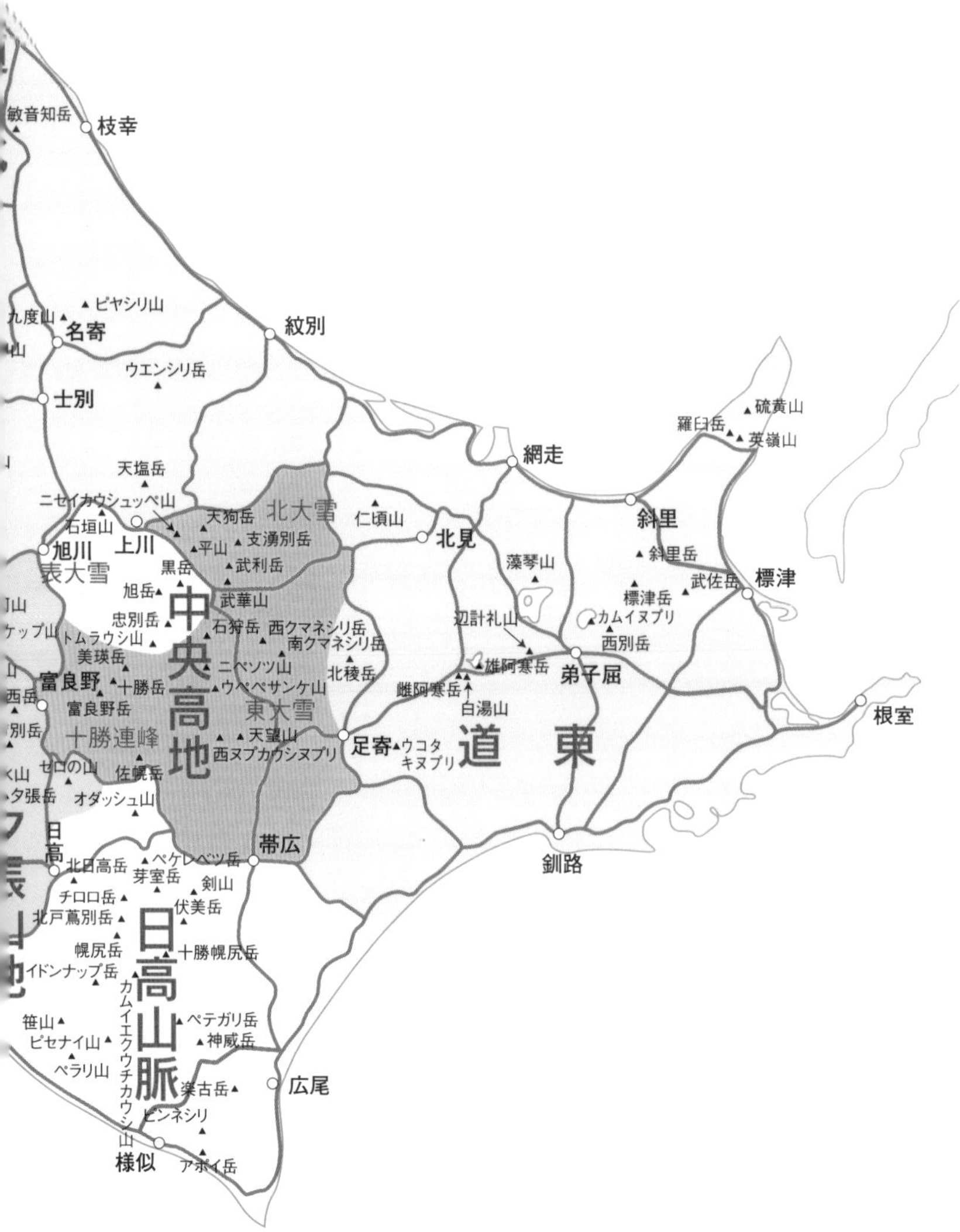

敏音知岳
枝幸
ピヤシリ山
九度山
名寄
紋別
ウエンシリ岳
士別
硫黄山
羅臼岳
英嶺山
網走
天塩岳
ニセイカウシュッペ山
石垣山
上川
天狗岳
北大雪
仁頃山
北見
斜里
旭川
支湧別岳
平山
武利岳
斜里岳
表大雪
黒岳
藻琴山
標津
旭岳
武華山
武佐岳
標津岳
中央高地
忠別岳
石狩岳
西クマネシリ岳
辺計礼山
カムイヌプリ
トムラウシ山
南クマネシリ岳
西別岳
美瑛岳
ニペソツ山
北稜岳
雄阿寒岳
弟子屈
富良野
十勝岳
ウペペサンケ山
雌阿寒岳
富良野岳
東大雪
白湯山
根室
十勝連峰
天望山
足寄
ウコタキヌプリ
道東
西ヌプカウシヌプリ
セロの山
佐幌岳
夕張岳
オダッシュ山
日高
帯広
北日高岳
ペケレベツ岳
芽室岳
釧路
剣山
チロロ岳
伏美岳
北戸蔦別岳
日高山脈
幌尻岳
十勝幌尻岳
イドンナップ岳
カムイエクウチカウシ山
笹山
ペテガリ岳
ピセナイ山
神威岳
ペラリ山
広尾
楽古岳
ピンネシリ
様似
アポイ岳